Não minta pra mim!

Dados Internacionais de Catalogação na Publicação (CIP)
(Câmara Brasileira do Livro, SP, Brasil)

---

Camargo, Paulo Sergio de
  Não minta pra mim!: psicologia da mentira e linguagem corporal / Paulo Sergio de Camargo. 3. ed. – São Paulo: Summus, 2019.

  Bibliografia.
  ISBN 978-85-323-0805-4

  1. Comunicação não verbal 2. Linguagem corporal 3. Relações interpessoais I. Título.

12-13152                                      CDD-153.69

---

Índice para catálogo sistemático:
1. Linguagem corporal : Técnicas para aprimorar relacionamentos pessoais e profissionais:
     Psicologia       153.69

www.summus.com.br

EDITORA AFILIADA

Compre em lugar de fotocopiar.
Cada real que você dá por um livro recompensa seus autores
e os convida a produzir mais sobre o tema;
incentiva seus editores a encomendar, traduzir e publicar
outras obras sobre o assunto;
e paga aos livreiros por estocar e levar até você livros
para a sua informação e o seu entretenimento.
Cada real que você dá pela fotocópia não autorizada de um livro
financia um crime
e ajuda a matar a produção intelectual de seu país.

PAULO SERGIO DE CAMARGO

# Não minta pra mim!
Psicologia da mentira e linguagem corporal

summus
editorial

*NÃO MINTA PRA MIM!*
*Psicologia da mentira e linguagem corporal*
Copyright © 2012 by Paulo Sergio de Camargo
Direitos desta edição reservados por Summus Editorial

Editora executiva: **Soraia Bini Cury**
Editora assistente: **Salete Del Guerra**
Capa: **Buono Disegno**
Imagem de capa: **Laptik/Shutterstock**
Projeto gráfico e diagramação: **Schäffer Editorial**
Impressão: **Sumago Gráfica Editorial**

**Summus Editorial**
Departamento editorial
Rua Itapicuru, 613 – 7º andar
05006-000 – São Paulo – SP
Fone: (11) 3872-3322
Fax: (11) 3872-7476
http://www.summus.com.br
e-mail: summus@summus.com.br

Atendimento ao consumidor
Summus Editorial
Fone: (11) 3865-9890

Vendas por atacado
Fone: (11) 3873-8638
Fax: (11) 3872-7476
e-mail: vendas@summus.com.br

Impresso no Brasil

# Sumário

Introdução......7

1. A dificuldade de definir mentira......9

2. As mentiras que contamos......17

3. O autoengano......25

4. Por que mentimos......37

5. A mentira cruzada......56

6. Os currículos mentem......60

7. As mentiras dos infiéis......67

8. As fábricas de receitas (de mentira)......75

9. Mentirosos em cadeia nacional......79

10. A mentira como doença......90

11. Os sentimentos relacionados à mentira......97

12. O admirável mundo novo das velhas mentiras......110

13. O conto do vigário......119

14. As mentiras escritas......125

15. As mentiras acima de qualquer suspeita dos chefes de Estado......133

16. Como mentir melhor......143

17. Como pegar um mentiroso......151

18. As mentiras e o corpo: linguagem corporal e microexpressões......169

19. Resumo dos gestos e das mentiras......184

20. Conclusão e as mentiras sobre as mentiras......202

Referências bibliográficas......205

# Introdução

Ao longo dos anos, o estudo da linguagem corporal e de suas implicações vem crescendo no Brasil. Além de pesquisadores sérios, há uma gama de aficionados pelo tema e pelas séries de televisão que relatam as proezas de policiais e especialistas no ramo. É compreensível que a ficção não acompanhe a realidade. Ainda assim ela serve para despertar a importância social desse tipo de estudo.

Nesta obra, o leitor terá uma série de informações a respeito da linguagem corporal, mais especificamente sobre a mentira. Estabeleci como meta falar da realidade nacional, embora não tenha deixado de mencionar casos estrangeiros. Não somos um país singular quando o assunto é mentira, mas há muitas diferenças em relação a outras culturas. Talvez a leniência com que tratamos as mais descaradas mentiras seja a nossa característica mais marcante.

Os casos apresentados neste livro são de conhecimento da mídia e não há juízo de valor sobre eles. Muitas vezes faço a apresentação pura e simples, apenas como pesquisador e escritor. Mas confesso que tive de resistir em alguns momentos para não emitir opiniões pessoais, por vezes impublicáveis. Omiti, intencionalmente, casos pitorescos a fim de não caracterizar um viés ideológico. Estudando o tema há tantos anos, concluí que a mentira não tem ideologia ou partido: abrange a todos, qualquer que seja o motivo.

Meu propósito não era escrever um manual sociológico, mas revelar ao leitor um meio prático de reconhecer as mentiras, lidar com os mentirosos e evitar as armadilhas que as mentiras nos impõem.

O título do livro – *Não minta pra mim* – vem de uma frase comum, repetida pela maioria das pessoas pelo menos uma vez na vida. Temos a equivocada propensão a acreditar que somos capazes de identificar mentiras com certa facilidade. Não é bem assim. Após anos de estudos e pesquisas, sei que devemos ter cautela ao tentar reconhecer alguém com capacidade e habilidade cognitivas para enganar quem quer que seja. Mesmo tentando nos prevenir contra as mentiras, seremos sempre enganados. De certa forma, essa certeza pode ser até reconfortante, pois nos torna mais sensíveis e humanos.

Agradeço a todos os que me incentivaram a escrever pelas sugestões e pela paciência, especialmente porque durante algum tempo meu assunto diário transitou em torno do tema.

*O autor*

# 1. A dificuldade de definir mentira

O diálogo quase surreal é de um casal discutindo na rua. Aparentemente, trata-se de uma briga de namorados. O que chama a atenção, contudo, não é a discussão, mas a insistência em definir o conceito de mentira.

Se por um lado hoje estamos familiarizados com o termo "mentira", por outro existe certa dificuldade em defini-lo com precisão. Durante as palestras que ministro pelo Brasil, peço ao público que me dê sinônimos para a palavra "mentira". Tarefa fácil, pois na língua portuguesa há dezenas deles, apontados em vários dicionários: engano, impostura, fraude, falsidade, patranha, peta, lampana, lorota, maxambeta, poçoca, maranhão, gamela, moca, potoca, perjúrio (juramento falso, considerado crime na justiça), mariquinha, falácia, blefe, cambalacho, rodela.

Há também expressões como "conversa pra boi dormir", "faz de conta", "de mentirinha", "conto da carochinha", "conversa mole", entre outras. Até mesmo o termo "merda" é utilizado como sinônimo ofensivo de mentira: "Pare de falar merda". Em algumas situações, mesmo sem dizer exatamente a palavra, acusamos o outro de mentiroso: "Conta outra!"

A fartura de sinônimos, no entanto, não acontece com a palavra "verdade". Na língua portuguesa, há poucos sinônimos para ela: sinceridade, franqueza, boa-fé, fiel, genuíno, autêntico etc. Mas isso não é privilégio da nossa língua, pois constatei que a quantidade de sinônimos para definir as duas palavras são proporcionais nos idiomas inglês e alemão.

## Intenção e alvo

Para tentar explicar o que é mentira, a primeira providência de vários pesquisadores em todo o mundo é registrar as diferenças entre a mentira e as outras formas de engano, inclusive no conceito de autoengano, que veremos mais adiante.

Segundo Paul Ekman, psicólogo americano especialista em expressões humanas, há dois parâmetros para definir a mentira. O primeiro é a intenção, ou seja, quando o mentiroso deseja realmente enganar. Evidentemente, não é o caso de pessoas que transmitem informações erradas com boa-fé. Um vendedor, por exemplo, garante ao cliente que o produto é bom. O cliente se convence, leva o produto para casa e ao abri-lo percebe que está estragado. O vendedor pode não ter mentido, pois acreditava mesmo na qualidade do produto.

O segundo parâmetro é o alvo. Este desconhece que o objetivo do mentiroso é de fato enganar. Como os critérios são semelhantes, recorro a alguns exemplos para explicar o conceito. Pensemos num *show* de mágica. É fato que o ilusionista nos engana, mas não se trata de um mentiroso, e sim de um profissional no qual buscamos o engano lúdico. Se o mágico não conseguir enganar a plateia, certamente será vaiado e não aplaudido.

Outro exemplo é o famoso caso de Thomaz Green Morton, também conhecido como Homem Rá. Ele se dizia capaz de entortar talheres, dirigir carros com a mente, exalar perfume pelas mãos e produzir luzes. Fez muito sucesso antes de ser desmascarado por seus truques de mágico amador. Sua atuação, no entanto, era transmitida como verdade e não como mágica. Por isso, inúmeras pessoas, entre elas artistas e empresários, sentiram-se ludibriadas. O Homem Rá chegou a ser contratado por certo time de futebol profissional do Rio de Janeiro para se posicionar atrás do gol e, com a força da mente, impedir que a bola entrasse. No fim, o time perdeu a partida e a história virou folclore esportivo. Muitos, contudo, acreditaram piamente que o resultado teria sido pior se ele não estivesse ali. Por certo a lista desse tipo de fraude é extensa e remonta a tempos mais antigos.

O jogo de truco também serve como exemplo do parâmetro alvo, já que pela regra, em tese, não existe mentira. Os jogadores sabem de antemão que a intenção dos adversários é enganar, uma característica do jogo. Entretanto, quando se esconde uma carta da mesa, configura-se a mentira intencional, pois os demais não desconfiam da ação.

## TOLERÂNCIA

É interessante ressaltar que sempre que somos alvo de mentiras nos sentimos injuriados, ofendidos, em especial quando elas partem de autoridades e políticos. Apesar disso, tendemos a esquecê-las rapidamente. Acabamos interpretando a mentira com certa normalidade nesse meio, dada a tradição que alguns políticos mantêm nesse campo.

Já no mundo do futebol – lazer de fácil acesso muito presente na vida dos brasileiros – as mentiras são comumente lembradas e muitas vezes punidas com mais rigor do que as mentiras políticas. Exemplo disso é o caso do árbitro de futebol Edílson Pereira de Carvalho, que pertencia aos quadros da Federação Internacional de Futebol (Fifa). Ele acabou preso em 2005, assim como o empresário Nagib Fayad, acusado de manipular os resultados de diversas partidas. A Polícia Federal também investigou o extenso esquema de manipulação de resultados, que interferiu inclusive na premiação da Loteria Esportiva Federal. Mesmo fraudados, os resultados foram mantidos, prejudicando milhares de pessoas. O árbitro foi banido do futebol para sempre.

Esse é um caso típico de mentira, pois havia a intenção de enganar e os participantes não tinham conhecimento disso. Não se pode dizer o mesmo das apostas de loteria clandestina, na qual as fraudes são práticas comuns no mundo todo.

Contudo, mesmo avaliando a intenção, nem sempre é possível dizer com certeza se a mentira existiu ou não. No caso de uma entrevista de trabalho, por exemplo, o candidato à vaga responde ao entrevistador sobre os vários empregos pelos quais passou, mas "esquece" de mencionar aqueles em que foi demitido. Isso é casual ou intencional? Difícil dizer, pois muitos dados podem se perder em razão da rapidez com que a conversa evolui. O mesmo não ocorre quando se prepara o currículo, pois nele as omissões e adaptações tendem a ser mais intencionais, como será visto adiante.

## Definições

Após observar as condições propícias para que a mentira exista, é essencial defini-la. Os pesquisadores do tema, no entanto, divergem bastante nesse quesito. Alguns definem a função da mentira e não a mentira em si.

De acordo com o professor de Filosofia da Universidade de Yale (Estados Unidos) Shelly Kagan, não existe uma definição universal para a mentira. Talvez a mais aceita seja "fazer uma declaração falsa com a intenção de enganar". Contudo, ao analisar a frase, encontramos várias deficiências. Basta pensar que muitas declarações verdadeiras são feitas com a intenção de mentir. Nessa situação, se considerarmos o tom de voz, a expressão pode reproduzir exatamente o contrário do que é dito. A frase seguinte denota isso: "Tenho certeza de que todos os políticos no Brasil são exemplos de honestidade".

Para o professor americano James Edwin Mahon, chefe do Departamento de Filosofia da Universidade Washington (Estados Unidos), a definição mais comum para a mentira é "fazer uma falsa declaração com a intenção de que a pessoa acredite que a afirmação é verdadeira". Ele cita pelo menos quatro condições essenciais para a mentira existir. Primeiro, que um indivíduo faça uma declaração; segundo, que ele a admita como falsa (condição de falsidade); terceiro, que a declaração mentirosa seja dita a alguém (condição de destinatário); quarto, que a pessoa acredite na declaração falsa (intenção de enganar).

Mahon cita um exemplo de mentira que se tornou um clássico em todo o mundo. É o diálogo entre dois viajantes de trem de Moscou:

– Trofim: Aonde você vai?

– Pavel: Para Pinsk.

– Trofim: Mentiroso! Você diz que está indo para Pinsk só pra me fazer acreditar que está indo para Minsk. Mas eu sei que você está indo para Pinsk.

Pavel não mente a Trofim, já que sua declaração é verdadeira. O que ele pretende é fazer Trofim acreditar que a afirmação é falsa. De qualquer forma, ele quer enganar Trofim.

Essa história é repetida em vários idiomas, só mudam os nomes. Vez por outra, ao relatá-la, diversos articulistas de jornais brasileiros trocam o nome do personagem e o local, mas o conteúdo é idêntico.

O filósofo e professor da Universidade da Nova Inglaterra (Estados Unidos) David L. Smith define a mentira como "qualquer forma de comportamento cuja função seja fornecer aos outros informações falsas ou privá-los de informações verdadeiras". Ele explica o uso da palavra "função" por meio da psicologia evolutiva, que diz que a função de um mecanismo psicológico é fazer aquilo que lhe foi determinado fazer.

Smith considera a definição de mentira da filósofa Sissela Bok, professora da Universidade de Harvard, muito restritiva. Segundo ela, "a mentira é qualquer tipo de afirmação enganosa". Para Smith, Mark Twain, pseudônimo de Samuel Langhorne Clemens, escritor e jornalista americano, tem um pensamento mais coerente. Twain dizia: "Por meio de exames e cálculos matemáticos, descobri que a proporção de mentiras faladas em relação às outras variedades de mentira é de um para 22.894".

O termo "mentir" também é usado de outras maneiras para justificar a própria mentira. Há quem adote uma expressão inversa para dizer que não mentiu. Um exemplo é quando se diz: "Eu não fui contra a verdade".

É óbvio que alguém com problemas mentais, que diz ser Napoleão Bonaparte, por exemplo, não está falando a verdade. Porém, não é propriamente um mentiroso. De qualquer modo, a informação é enganosa. Mais uma vez é impossível delimitar com precisão se há ou não mentira.

Um caso emblemático é o de Inri Cristo, que se autodenomina a reencarnação de Jesus Cristo. Ele afirma ter recebido a "revelação" de sua verdadeira identidade aos 33 anos de idade, porém admite que, antes disso, era conhecido como o vidente Iuri de Nostradamus. Motivo de piada em programas de televisão e desacreditado perante grande parte dos cristãos, não há notícias de que sofra algum tipo de distúrbio mental. É certo, contudo, que quase ninguém acredita em suas declarações, exceto ele e um pequeno séquito. Inri Cristo se apresenta como o filho de Deus e faz uma pregação radical e enfática. Com o tempo, seu comportamento foi se tornando ameno, o que lhe garantiu até participação em comerciais de televisão.

Nesse caso, nota-se outro fato importante em relação ao uso da mentira. O mentiroso precisa ser capaz de decidir se aquilo que vai dizer é mentira ou não, se pode controlar seus atos e escolher conscientemente entre verdade ou mentira.

De qualquer forma, não é uma decisão tão simples quanto parece. Alguns mentirosos patológicos, que veremos em outro capítulo, sabem exatamente o que estão dizendo e têm consciência plena de seus atos. Mesmo assim não conseguem controlar o impulso de mentir. Por vezes reconhecem o mal que podem causar, mas insistem nas mentiras.

Paul Ekman define o mentiroso como "pessoa que tem o propósito deliberado de enganar a outra sem notificá-la previamente desse propósito nem ter sido requerida de forma explícita a colocar em prática pelo destinatário". Na visão do especialista, há dois modos de mentir: ocultar e falsear. No primeiro caso, o mentiroso oculta a informação sem dizer nada que falte com a verdade. No segundo, além de ocultar a informação verdadeira, apresenta ao destinatário informações falsas como se fossem verdadeiras. Em algumas situações, os dois procedimentos são usados juntos para que a mentira seja eficaz.

Para Ekman, quando o mentiroso está em condições de escolher, em geral prefere ocultar e não falsear, em especial porque é mais fácil fazer as retificações necessárias e também porque a possibilidade de ser acusado ou censurado é menor. Basta dizer que esqueceu determinadas informações ou que estava com pressa e "passou por cima". Quanto mais relevantes forem os fatos ocultados ou omitidos, mais desconfiança será gerada no destinatário.

No âmbito da política é comum o uso da condição de escolha descrita por Ekman. Pressionados, quando se veem em momentos de crise, como nas Comissões Parlamentares de Inquérito (CPIs), os políticos sempre usam a frase "Eu não sabia". A declaração costuma ser bem-aceita pela maioria das pessoas propensa a acreditar. Mesmo quando surgem provas, a justificativa continua válida, já que o político "não poderia saber de tudo que ocorria ao seu redor", como costumam dizer.

Quando a pergunta é direta, no entanto, o mentiroso nem sempre consegue escolher entre ocultar e falsear:

"Paulo Okamoto pagou as contas do senhor?", disparou o apresentador do *Jornal Nacional*, William Bonner, para o então presidente Lula, durante entrevista antes da eleição presidencial que o reelegera para o segundo mandato.

Em resposta, Lula disse que havia se encontrado com Okamoto e pediu a ele que resolvesse o assunto da melhor maneira. No entanto, Okamoto tinha afirmado na CPI que jamais havia comentado isso com o presidente.

Contudo, em alguns casos, a mentira pode acontecer mesmo que a pessoa não diga nada. Quando no cargo de ministra de Minas e Energia, Dilma Rousseff, diante das câmeras de televisão, escutou de modo impassível a leitura de seu currículo, que indicava, entre outros títulos, os de mestre e doutora. Ela poderia ter desmentido de imediato, mas aceitou os títulos e continuou o programa normalmente. Sem dizer sequer uma palavra, o silêncio permitiu que "a mentira" fosse levada adiante.

Depois do programa, a simples consulta ao banco de dados *Lattes* revelou que ela não tem tais diplomas. Dizer que se esqueceu de atualizar os dados apenas reforçaria a mentira. A culpa pelo fato acabou recaindo sobre um assessor, desconhecido por sinal. E, assim, o caso foi esquecido.

A definição de mentira ainda pode ser vista por outros prismas, nem sempre verbais. Um sorriso falso ou aplausos dados ao péssimo discurso do presidente da empresa são exemplos de mentiras não verbais. Quanto a essa definição, ainda se pode considerar o ponto de vista de David L. Smith. Segundo ele, maquiagem e implante de silicone nos seios, entre outros artifícios, também são formas de mentir. Pode soar exagerado, mas não deixa de ser uma modalidade de mentira.

## ESTRATÉGIAS

A mentira também é estudada em termos estratégicos. O professor Fernando G. Sampaio, reitor da Escola Superior de Geopolítica e Estratégia, distingue as seguintes maneiras de operar com a mentira a fim de alterar o quadro referencial e falsear pela base as decisões estratégicas em todos os níveis.

*Mentira por supressão* – consiste em fazer acreditar que não existe uma coisa que, na verdade, existe. Além do campo da informação, por omissão ou negação, temos as supressões materiais, como esconder ou destruir objetos, indícios ou documentos de qualquer natureza.

*Mentira por adição* – é a operação de fazer crer que existem coisas irreais ou que, na verdade, não existem. Pode-se chamar a isso também de invenções, não no sentido de inovações, mas no de invencionices, ou seja, fazer operações que constituem simulacros ou imitações da realidade.

*Mentira por deformação* – consiste em apresentar algo que existe, mas de modo falacioso, errático, deformado, falso. Essa prática pode-se referir a um ou vários dos elementos do objeto real e conhecido. A deformação divide-se em três subcategorias:

- *quantitativas*: quando se exagera ou, pelo contrário, se diminui o objeto da deformação;
- *qualitativas*: que alteram a qualidade do objeto da deformação;
- *denominação pelo contrário*: atribuiem-se ao objeto da deformação as qualidades e quantidades exatamente opostas ao que existe ou se apresenta na realidade.

A definição precisa do que é mentira é uma questão complexa. Talvez fosse mais simples dizer que toda vez que alguém é enganado com informações falsas ocorre a mentira. Mas, infelizmente, não é assim. Há dezenas de considerações a fazer sobre essa afirmação.

Portanto, minha sugestão é pensar muito bem antes de dizer que a pessoa é mentirosa ou o que é exatamente uma mentira.

# 2. As mentiras que contamos

Todos nós nascemos mentirosos, crescemos mentirosos e ensinamos nossos filhos a mentir. Pior ainda, contamos mentiras a eles como se fossem as mais puras das verdades.

Fiz essa afirmação de forma proposital em uma de minhas palestras e já esperava, naturalmente, olhares indignados. Não contava, entretanto, com a reação de uma senhora que, com o dedo em riste, disse: "O senhor não pode falar isso. Nunca ensinei os meus filhos a mentir!" Algumas pessoas riram, pois tinham pleno conhecimento de que a frase era em si uma mentira. Imediatamente coloquei uma animação na tela que mostrava Chapeuzinho Vermelho, Lobo Mau, Papai Noel, Coelhinho da Páscoa, Saci-Pererê e Cuca, entre outros. Novamente, a senhora se manifestou: "Mas isso não é mentira", ponderou com voz suplicante minha quase ex-oponente.

A primeira lição aprendida com a mentira é que existem contradições advindas dela. Diante da mentira, todos são altamente contraditórios, mas unânimes em condenar o fato e o mentiroso. Na mentira existe algo que chamo de "isolamento do problema", ou seja, os outros são parte dele, eu não. É como admitir: "Eu minto, mas minhas mentiras não são tão ruins quanto as dos demais". Parafraseando o filósofo Jean--Paul Sartre, "a mentira são os outros".

Talvez isso seja correto, mas a verdade é que, em geral, não se sabe a extensão e a profundidade da mentira. Nenhuma teoria sobre isso é ensinada na escola. Ao contrário, ao longo da vida a mentira é reforçada pelos mitos inquestionáveis transmitidos por pais, professores, amigos etc.

Antes confinado à filosofia e a outras ciências, o estudo da mentira é recente para o público leigo. A sociedade ainda está restrita a considerações no âmbito comportamental, como "mentir é errado", "não se deve mentir" etc. Essa tábula rasa acaba prejudicando o entendimento da mentira e de suas consequências. Dizer apenas que mentir é errado configura uma simplificação errônea, pois esse ato é muito mais complexo do que se possa imaginar.

A frase "A mentira é regra e não exceção" parece ser consenso para grande parte dos pesquisadores do assunto em todo o mundo. Não existe lugar onde não exista a mentira.

## Na natureza

Os psicólogos evolucionistas são precisos ao mostrar a mentira na natureza: ela está presente entre os animais e as plantas e até em microrganismos. É claro que nesses casos os motivos não são cognitivos, mas de sobrevivência das espécies. Os exemplos de mentira na natureza são vários. Pensemos no mimetismo, em que certos animais apresentam características que enganam outros predadores. Esse tipo de ardil é bastante confundido com a camuflagem, que ocorre quando o organismo apresenta padrões de coloração semelhantes ao seu entorno para dificultar a detecção da sua presença.

As estratégias do mimetismo e da camuflagem são distintas. No primeiro, o organismo é detectado, mas confundido com outro; na segunda, a espécie (ou organismo) evita a detecção.

A falsa-cobra coral é um bom exemplo de mimetismo. Temida pelos predadores por sua semelhança com a verdadeira, essa cobra não produz veneno. O conselho dado por instrutores de ofidismo na academia militar resume a função precisa da mentira que o animal prega: "Ao encontrar uma, trate sempre como a cobra coral verdadeira".

No quesito camuflagem, o sapo-de-árvore, espécie brasileira, tem a mesma cor das folhas mortas do ambiente onde vive. Os três chifres carnudos, um sobre cada olho e outro abaixo do nariz, imitam pedaços de folhas onduladas. Isso permite que ele se esconda dos insetos para então capturá--los. Já o urutau (*Nyctibius griseus*), que em tupi-guarani quer dizer "ave fantasma", é um pássaro que fica imóvel na tentativa de se fazer confundir com o tronco de uma árvore. Estratégia realmente eficaz, pois é possível chegar a poucos centímetros de distância sem que ele se mova.

Esses e outros milhares de exemplos são encontrados em todo o mundo. Os motivos dessas espécies para que tais fenômenos ocorram são diferentes dos do homem, mas o objetivo final – enganar, ludibriar – é o mesmo.

A mentira não se restringe apenas aos animais. A orquídea O*phrys speculum*, originária da ilha italiana da Sardenha, imita com perfeição as asas de uma vespa fêmea. O macho, atraído pela forma e pelo cheiro, tenta copular com a planta e acaba por polinizar a espécie.

## NA GUERRA

Otto von Bismarck, o primeiro chanceler do Império Alemão (1871-1890), dizia que "nunca se mente tanto como em véspera de eleições, durante a guerra e depois da caça". Qualquer que seja a atividade humana, sempre é permeada de mentiras, trapaças, omissões etc. E isso acontece em todas as instâncias e hierarquias.

Os casos de mentiras na guerra são infindáveis e o fato mais clássico em termos de estratégia é o Cavalo de Troia, um engodo dos gregos para os troianos depois de dez anos de luta. Até hoje persiste a dúvida se tal engenho realmente existiu ou se foi simples propaganda de guerra.

Na primeira Guerra do Golfo, os aliados disseram ter abatido centenas de tanques iraquianos. A simples contagem revelou que eram mais tanques do que o exército do ditador Saddam Hussein possuía. A mentira como propaganda de guerra está na quantidade e também na astúcia, que não levou em conta o fato de muitos dos blindados serem imitações infláveis, colocadas em esconderijos debaixo da areia.

Veteranos de guerra dos Estados Unidos também costumam inflar seus feitos heroicos. São soldados que serviram como cozinheiros no Vietnã e fazem palestras com a farda e as medalhas, recebendo vultosa remuneração. Eles se apresentam como oficiais graduados e normalmente integrantes das forças especiais, que têm maior prestígio. Há um grupo que investiga esses mentirosos no país.

Muitos dos militares que encontrei exibiam condecorações e símbolos de cursos que certamente nunca realizaram, embora no Brasil essa atitude seja considerada transgressão disciplinar. Nesses casos, a mentira não precisa ser justificada a ninguém a não ser ao próprio mentiroso, pois este obtém vantagens, *status* e conforto para si e para a família.

## NA POLÍTICA

No campo político, a recente história do Brasil talvez seja a mais fértil quando o assunto é mentira dos últimos cinco séculos.

Os exemplos surgem todos os dias nas manchetes dos jornais. Em um deles, o então presidente Luiz Inácio Lula da Silva prometeu sem meias palavras, em sua campanha para o primeiro mandato, criar dez milhões de empregos. Mais tarde, porém, declarou que na verdade dissera que o ideal seria que o país criasse dez milhões de empregos. O ex-presidente Fernando Henrique Cardoso vez por outra tem de reafirmar que a frase "Esqueçam o que eu disse" tenha sido dita por ele.

Os processos cognitivos da mentira no campo da política são diferentes e mais elaborados.

## NA ORIGEM DO HOMEM

Ao remeter às origens da humanidade, nossos ancestrais lutaram para se manter vivos tanto diante dos predadores como dos próprios semelhantes. Nesse período, a função da mentira era fazer que o homem parecesse mais forte do que realmente era. Era comum inventar feitos em caçadas para impressionar as fêmeas e se posicionar acima dos demais na hierarquia social.

Assim como para os animais, a mentira trouxe benefícios inegáveis à sobrevivência do ser humano. Com a mentira, muitos povos pouparam energia. Quer para se livrar de situações críticas, quer para se unir a outras tribos, as mentiras sempre foram empregadas deliberadamente.

## MENTIRA INOCENTE

Ao cantarolar para a criança "Nana, nenê, que a cuca vem pegar", a mãe lhe incute a mentira no intuito de apressar o sono e fazer a criança ficar quieta. Outro simples exemplo da utilização da mentira vem do pensador francês Voltaire, que defendia que o inferno não existia, mas se beneficiava de que a governanta e o cocheiro acreditassem nisso.

Reconheço que mentimos muito e que nem todos condenam as mentiras. Muitos as estudam e não emitem juízo de valor sobre elas. Se são boas ou não, é uma questão em aberto. Não se pode julgar o médico que atenua ou esconde a doença do paciente ou a mãe que conforta a filha com pequenas mentiras. Mas é certo que toda mentira cobra seu preço.

Pesquisadores mundo afora se esforçam para mostrar a importância da mentira e do seu impacto na sociedade. Robert Feldman, da Universidade de Massachusetts, descreve no livro *Quem é o mentiroso em sua vida?* o estudo que realizou ao lado de dois de seus alunos, James Forrest e Benjamin Happ, com mais de 100 pessoas em situações sociais comuns. O resultado, diz ele, tem grandes implicações sobre como entendemos a prática da mentira em nossa vida.

No cômputo geral, Feldman constatou que a maioria das pessoas mentia três vezes em uma conversa de dez minutos; algumas chegaram à incrível marca de 12 mentiras. Os números são significativos, mas o pesquisador não considera os dados encontrados extraordinários, e sim típicos. O que ele julga extraordinário são as pessoas que mentem umas às outras, sendo que isso não acontece apenas quando elas estão diante de desconhecidos, mas também com parceiros, amigos, chefes, irmãos, esposas, subordinados etc.

A mentira vai além do comportamento social. Ela é fator de equilíbrio e harmonia nas mais diversas relações. Das 129 mulheres que entrevistei, apenas seis alegaram que contariam ao marido caso fossem "cantadas" pelo chefe. As desculpas foram as mais variadas. Em geral, esperavam evitar brigas e desconfortos.

## O TAMANHO DA MENTIRA

– Mentirinha boba, não dá nem para acreditar que é mentira – disse Eduardo.

– Mentirão, isso sim. Do tamanho do seu nariz – retrucou Camila ao namorado quando descobriu que ele tinha ido beber com os amigos e não estudar, como dissera.

Pela reação de cada um dos envolvidos, vê-se como é difícil definir o tamanho e a intensidade da mentira. Alguns estudiosos acabam abandonando o tema tanto pelo fato de acreditarem não ser tão importante como pela dificuldade em chegar a uma conclusão.

Normalmente, o "tamanho" da mentira está relacionado aos efeitos, mas essa é uma regra variável. Quanto mais fere a sensibilidade e a dignidade, mais a intensidade aumenta. As mentiras que ferem os códigos de ética das profissões, por exemplo, são consideradas mais graves.

Charles V. Ford, professor do Departamento de Psiquiatria da Universidade do Alabama (Estados Unidos), apresenta em seu livro uma classificação de mentiras que adaptou do terapeuta Stephen Karpman: a) *mentira benigna e mentira saudável* – de acordo com convenções sociais; b) *mentira histérica* – para chamar a atenção; c) *mentira defensiva* – caminho para sair de determinada situação; d) *mentira compensatória* – usada para impressionar outras pessoas; e) *mentira maliciosa* – enganar para se beneficiar; f) *fofoca* – exagerar rumores de maneira maliciosa; g) *mentira implícita* – empregada para enganar por meias verdades; h) mentira por idealização – exagerar qualidades por amor; i) *mentira patológica* – mentir de forma autodestrutiva.

"Eram recursos não contabilizados." Essa frase ficou famosa durante as investigações sobre o dinheiro usado como "caixa-dois" (verba de fonte não declarada) nas campanhas presidenciais. Eufemismo barato para encobrir o crime de corrupção, mas que grande parte da sociedade, quer por conveniência, quer por ignorância ou descuido, aceitou. Essa forma de mentira é muito mais comum do que se pensa: acontece todos os dias. "Que nenê simpático!" Essa afirmação normalmente é feita quando não achamos a criança bonita, algo que não se pode dizer. Seria falta de educação e total desrespeito social. A mentira evita a "ofensa" à mãe. Os elogios falsos, portanto, são mentiras para evitar situações embaraçosas, beneficiando tanto o destinatário como o emissor e tornando-os cúmplices.

Ao ser beneficiado com falsos elogios antes da conferência, por exemplo, o palestrante ganha prestígio e chega a ser avaliado com mais generosidade pelos ouvintes. No caso da mãe do nenê feioso, poupamos os sentimentos dela e a interação social se dá com mais facilidade. Certamente a conversa não evoluiria se a beleza da criança fosse comentada com palavras mais precisas. A mentira facilita a fluidez do relacionamento, serve de ponte entre um assunto e outro. Por isso, é facilmente esquecida ou desconsiderada. E o mentiroso não tem qualquer sentimento de culpa ou preocupação.

Aliás, as mentiras que são produzidas nem chegam a ser avaliadas. Isso não tem importância diante da necessidade de determinadas comunicações entre as pessoas e os grupos. Tais mentiras são tão comuns que, mesmo produzidas de forma consciente, fazem parte do mecanismo de interação entre as pessoas.

Há inúmeras mentiras possíveis, e muitas delas funcionam apenas como amortecedores sociais. Outras, entretanto, são empregadas com o objetivo de beneficiar o mentiroso. Elas vão de um simples logro até mentiras complexas, causadoras de diversos danos. Estes podem afetar não só a vítima mas também o mentiroso, caso a mentira fuja do controle. Para sair de tal situação, mais mentiras são ditas, o que torna o mentiroso mais vulnerável, correndo maior risco de ser pego.

O mundo é repleto de mentiras e, de alguma forma, estamos sujeitos a nos relacionar com elas, quer como mentirosos, quer como vítimas. A proporção varia entre os dois polos. A quantidade de mentiras recebidas, em geral, é menor do que as emitidas. A quantidade de mentiras que emitimos nem sempre é proporcional à intensidade negativa delas. Alguns mentirosos sabem exatamente a quantidade de mentiras que podem emitir sem que percam a credibilidade, por isso vivem longos "períodos de sinceridade", sendo muitas vezes considerados honestos.

O maior problema é perceber que não estamos do lado "certo" da mentira o tempo todo, ou seja, apenas atuando como ouvintes das versões dos mentirosos. Às vezes somos parte dela.

# 3. O autoengano

"Não minta pra mim!" "Olhe bem pra mim! Eu sei quando você está mentindo." Talvez essas sejam algumas das frases mais comuns que as crianças escutam das mães sobre a mentira. Mas, quando menos esperamos, chega o dia em que dizem: "Mãe, você mentiu pra mim". A partir desse momento, a queda de braço provavelmente nunca mais terá fim.

Há vários mitos relacionados ao tema mentira. Um dos mais propagados é o de que tanto o pai quanto a mãe – esta em especial – são especialistas em descobrir as lorotas dos filhos. Inúmeros filmes e novelas apresentam a mãe como tendo um poder quase mágico para identificar os sentimentos e as mentiras de seus rebentos. A frase "Coração de mãe não se engana", para desespero de muitas, se não for totalmente falsa é bastante imprecisa. Os filhos mentem às mães e aos pais de todas as maneiras possíveis.

"Não sei o que essa criança tem. Amamentei, troquei as fraldas, fiz um carinho e ela continua chorando no berço." Ao ouvir isso de uma mãe de primeira viagem, me contive para não dizer: "Seu filho, com 6 meses de idade, está mentindo pra você".

Provavelmente a prestimosa mãe ficaria ofendida, mais ainda se eu completasse dizendo que o filho faz isso porque é um mentiroso nato.

Descontados os exageros, depois de alguns meses de vida, a criança percebe, mesmo de forma inconsciente, que chorar faz os pais lhe darem atenção, passando então a manipulá-los. Quando estão caminhando, por exemplo, e querem colo, "choram" sem a menor cerimônia onde quer que estejam – em casa, no supermercado, na rua.

Esse é apenas o começo de uma longa escalada para a mentira, a qual a criança vai aperfeiçoar todos os dias e, na maioria das vezes, com a colaboração de pais, irmãos, amigos, professores e parentes. Todos se envolverão na arte de ensinar a criança a mentir.

Até mesmo nos sorrisos a criança mente. Guillaume Duchenne, médico francês, descreveu em seu livro *The mechanisms of human facial expression* o caso de um idoso que tinha paralisia total na face. Por meio de eletrodos colocados no rosto do paciente, ele demonstrou a contração dos músculos. O mais interessante da descoberta foi que o sorriso falso envolveu apenas os músculos da boca, dos quais temos controle. No sorriso verdadeiro entram em ação os músculos ao redor dos olhos, os que não controlamos. Nesse caso, formam-se as rugas, também conhecidas como pés de galinha, sinal clássico de sorriso verdadeiro. O nome "sorriso de Duchenne" foi sugerido por Paul Ekman. Para David L. Smith, esse tipo de sorriso falso não é aprendido e faz parte de nosso repertório inato de engodos.

Alguns estudos sugerem que os bebês sorriem de modo natural para as mães, mas são capazes de armar sorrisos falsos diante de pessoas estranhas, provavelmente para atrair a sua simpatia.

## NA INFÂNCIA

Com a intenção de estudar os juízos da criança, o pensador Jean Piaget foi um dos pioneiros nos estudos da moralidade em relação à mentira. Segundo ele, "a tendência à mentira é uma tendência natural, cuja espontaneidade e generalidade mostram o quanto faz parte do pensamento egocêntrico da criança". Para Piaget, a criança não faz distinção entre a mentira, a fantasia e a atividade lúdica até os 6 anos de idade; não consegue definir as fronteiras entre a fantasia e a realidade, entre o desejo e o factual, entre o "eu" e o "não eu".

Assim, a criança é capaz de inventar muitas histórias fantásticas. Os pais, por sua vez, dão asas à imaginação e até entram nas histórias, perguntando e solicitando informações sobre o "amigo invisível", por exemplo.

No entendimento da criança, a mentira é o confronto entre a atitude egocêntrica e a moral repressora do adulto. Perto dos 6 anos, a criança acredita que mentir é uma falta moral que se dá por meio da linguagem. Mesmo não compreendendo completamente os mecanismos da mentira, a criança é capaz de entender suas consequências. Após essa idade, a fase de invenções começa a enfraquecer e ela passa a diferenciar a informação intencional falsa do erro involuntário. Entre os 7 e os 8 anos, a mentira já se torna proposital, mas somente por volta dos 10 anos a criança consegue definir de maneira explícita a mentira como uma declaração propositalmente falsa.

Segundo constatou Piaget, por volta dos 11 anos a criança desenvolve a capacidade de sair de sua posição egocêntrica e, assim, considera a intenção da mentira para enganar um problema moral, e não apenas meras palavras. Os trabalhos de Piaget nessa área vêm sendo reavaliados por muitos pesquisadores e, em alguns casos, suas teorias têm se confirmado, embora a idade das crianças tenha se mostrado menor em vários experimentos científicos. Os estudos da psicóloga australiana Kay Bussey, por exemplo, que em 1992 pesquisou crianças em idade pré-escolar, constataram que cerca de 70% delas foram capazes de diferenciar afirmações verdadeiras de falsas.

Embora a criança tenha características inatas para mentir, ao longo do tempo os pais interferem nesse processo de forma bastante contraditória. Todos ensinam que "mentir é errado", "mentir é feio", o "bicho-papão pega quem mente" (sic). Em paralelo, haverá sempre pais e mães que dirão sem meias palavras: "Não minta pra mim!"

Contudo, a experiência revela que os exemplos de mentiras advêm exatamente dos pais, dos irmãos e de outros parentes. Somente depois disso ocorrem fora de casa. Para o neurologista Benito Damasceno, da Universidade Estadual de Campinas (Unicamp), "a mentira é uma forma de inteligência transmitida de pais para filhos desde cedo".

Por vezes, ao dizer determinadas verdades, a criança será punida ou repreendida. Portanto, ela usa o recurso da mentira para não provocar situações constrangedoras. Quantas vezes, ao dizer que o vestido da noiva é horrível (quase sempre com razão), os pais tentam silenciá-la de imediato afirmando: "Não se deve dizer isso nunca em um casamento, é falta de educação".

Na versão dos Irmãos Grimm para o conto *Branca de Neve e os sete anões*, a rainha, invejosa da beleza da menina, manda o caçador matá-la na floresta. O caçador não consegue executar a tarefa e acaba matando um cervo para arrancar-lhe o coração e mostrá-lo à rainha como se fosse o da princesa. Nessa passagem, fica evidente a associação da mentira com a bondade do caçador. A mensagem é que se deve mentir para evitar um mal maior.

Mesmo quando as crianças não são incitadas a mentir pelos pais, irmãos e amigos, o comportamento social e até as histórias infantis facilitam a compreensão e as vantagens da mentira.

Diariamente as crianças testemunham os mais diversos tipos de mentira e os benefícios obtidos por meio delas. Aos 5 anos, a criança quebra o brinquedo, que é coletivo, e a professora pergunta se foi ela a responsável pelo dano. Envergonhada, a criança confirma e acaba ficando de castigo na hora do recreio. O episódio faz que tenha uma visão mais crítica. Da próxima vez que fizer algo sem querer, talvez seja melhor não se autoacusar.

A criança reproduz com facilidade os mais diversos comportamentos daqueles que estão ao seu redor: amigos, irmãos, pais, personagens da televisão etc. Esse tipo de comportamento, chamado de modelação, é decisivo na vida dos pequenos.

A criança de 5 anos que não foi para o recreio pode ser definida como "mentirosa-aprendiz-por-si-mesma". Não precisa ter qualquer tipo de habilidade específica, basta estar dentro da normalidade para perceber as vantagens que a mentira traz, sem qualquer tipo de orientação ou observação do mentiroso-modelo. Esses dois tipos de aprendizado se unem no aperfeiçoamento da arte da mentira. É claro que não existe maldade ou falsidade no ato da criança quando diz que não quebrou o brinquedo, mas é certo que a professora, ao colocar a criança de castigo, mesmo de maneira indireta, mostra as vantagens de mentir e as desvantagens de falar a verdade.

O fato de a criança elaborar mentalmente o custo/benefício (castigo/recreio) é um sinal de que suas habilidades cognitivas estão se desenvolvendo de modo correto. Contar mentiras de maneira convincente exige bom nível de sofisticação. Basta lembrarmos a brincadeira do cruzar os dedos.

Quando uma criança faz um juramento ao mesmo tempo que coloca os dedos cruzados atrás do corpo, diz a si mesma que aquilo não é verdadeiro. A outra criança que diz "Não vale cruzar os dedos" também compreende de forma clara os processos envolvidos nesse jogo de mentira. Ambas percebem como a mentira está sendo utilizada.

Claro que existe um lado emocional e lúdico da criança que fantasia a realidade de modo natural. Segundo pesquisas, uma criança mente a cada duas horas. Isso deve ser considerado normal. As primeiras mentiras são de cunho fantástico e os pais em geral tendem a rir e a elogiar, chegando até mesmo a participar das mentiras, como a da fada que traz uma moeda em troca do dente que caiu.

Nos primeiros estágios da mentira, a criança não tem nenhum tipo de recurso para compreender a moral. Por não compreender a mentira, sabe apenas mentir para se livrar de determinada situação.

Se a princípio a criança tentava enganar os pais por meio de manha ou de choro, é certo que chegará o momento em que verbalizará suas mentiras.

Por volta de 3 anos de idade ela nega ter quebrado o vaso da sala, mas quando é indagada sobre o autor ou quando e como aconteceu não sabe dar prosseguimento à mentira, pois isso requer sutilezas.

Entre 4 e 5 anos de idade, a criança passa a justificar que "o gato derrubou e quebrou o vaso". Embora seja uma transferência de culpa, demonstra algo mais sofisticado em relação à mentira. Com o desenvolvimento, a criança incrementa seus procedimentos, pela observação daqueles que estão ao seu lado e também por tentativa e erro. Explicará que no momento em que o gato quebrou o vaso ela tentava evitar que o bichano fizesse coisa pior. Também arrumará álibis, como o de que "estava vendo televisão nessa hora". Pode inclusive fazer um falso desabafo como: "Tudo que acontece em casa é minha culpa".

O psicólogo americano Robert Feldman chama de mentiroso-modelo aquele que, por meio de suas ações e comportamentos, ensina implicitamente as crianças a mentir. Um exemplo corriqueiro é quando toca o telefone e o pai diz à mãe: "Atende, por favor. Se for o fulano, diga que eu não estou". A criança percebe exatamente a cumplicidade dos pais em relação à mentira e considera ser correto fazer o mesmo.

Tanto que, na próxima vez, o pai é capaz de solicitar à criança e não à mãe que conte a mentira.

Embora muitos pais neguem, eles ensinam as crianças a mentir, de forma consciente ou inconsciente. Não que seja seu objetivo ensinar desonestidade a elas, mas sim mostrar um caminho pelo qual algum dia precisarão passar. As razões pelas quais as crianças mentem são tão complexas quanto as dos adultos. Trata-se de uma evolução cognitiva normal.

A escalada da mentira continua na infância, especialmente quando a criança chega à idade escolar. Segundo pesquisas de estudiosos e educadores, a necessidade de evitar punições ainda é o principal motivo para fazê-la mentir. Mas a mentira é uma das maneiras de se relacionar e aumentar o senso de controle, demonstrar *status* e manipular os amigos.

## NA ADOLESCÊNCIA

A frase "Quem não cola não sai da escola" é indicativa de como a mentira é tratada em nossos círculos sociais.

Estudos feitos pelo Josephson Institute of Ethics, nos Estados Unidos, com mais de sete mil voluntários em idade que corresponde ao fim do ensino médio, além de adultos, mostram que estudantes que usaram algum recurso para melhorar a nota na prova, a famosa "cola", durante a infância e a adolescência tendem a ser pessoas mais desonestas do que aqueles que não se utilizaram dessa prática. Na idade adulta, essas pessoas têm mais facilidade para enganar aqueles com quem convivem. Os estudos revelam que esse tipo de mentiroso tem quatro vezes mais possibilidade de enganar o chefe do que as pessoas que não ludibriaram os professores. Além disso, não devolvem o troco se recebem a mais, mentem em informações relacionadas a emprego etc.

Várias instituições de ensino toleram bem a cola como meio de aprovação escolar. Já em instituições mais severas, como as escolas militares, a cola é um dos motivos de desligamento imediato do aluno, pois as notas são utilizadas para sua classificação.

Apesar de ser um tremendo engodo, existe uma linha de especialistas em educação que defendem a cola como meio de aprendizagem também, pois enquanto o aluno elabora a cola está estudando.

Assim como outras mentiras, a cola normalmente é aprendida por influência de outros estudantes. É comum a criança menor ter contato com as vantagens de tal procedimento quando presencia irmãos mais velhos ou colegas se gabando com os amigos do sucesso obtido com a cola.

"Meu filho não mente, não ensinei isso a ele, alguém é responsável por isso." Foi o que disse a mãe do jovem Celso quando soube da nota 0,5 na prova de Ciências Sociais, no ensino médio de uma escola de Bragança Paulista, (SP). A fala, ocorrida em dezembro, foi consequência da prova realizada em maio, no fim do segundo bimestre. No boletim escolar havia a nota 6,5, e não era preciso ser perito grafotécnico para perceber que o zero tinha uma "perna puxada para cima" com cor de caneta de tom diferente, para fazer parecer o número seis.

Tudo começou quando a turma A1, do primeiro ano do ensino médio da manhã, conseguiu a cópia da prova com 20 questões realizada na turma A3, na noite anterior. O professor julgou que a mesma prova aplicada às 22h poderia ser utilizada para a turma das 7h30 do dia seguinte sem que fosse copiada. Imprimiu apenas uma vez para todas as turmas.

O professor aplicaria a prova na turma A2 às 10 horas da manhã quando percebeu a armação. Imediatamente, solicitou à secretária que digitasse as mesmas questões, mas em ordem diferente.

A prova entregue aos alunos da turma A2 veio com a seguinte afirmação: "Esta é a mesma prova que apliquei às turmas A1 e A3". O sorriso de alívio e júbilo contagiou a sala. Mesmo não acreditando em certas respostas, a maioria colocou X onde não devia. Apenas uma aluna tirou a incrível nota 7,0. A quantidade de notas zero foi enorme, e os que tentaram passar por mais ou menos honestos, como o aluno defendido pela mãe no início do exemplo, chegaram a pontuar 0,5.

No ensino médio, a mentira é uma forma de chamar a atenção ou até mesmo de minimizar as frustrações. O adolescente que mente ao dizer que tem um computador melhor do que os demais tenta ganhar prestígio e esconder suas carências materiais e afetivas.

Caso a mentira seja permanente e repetitiva, trata-se de algo mais complexo, que precisa ser investigado pelos pais e por psicólogos.

Para a professora canadense Victoria Talwar, da McGill University, "mentir é um sintoma, muitas vezes de um problema maior de comportamento". Segundo ela, "é uma estratégia para se manter à tona". Uma coisa é o adolescente mentir dizendo que tem namoradas, outra é dizer, insistir e querer provar que, entre elas, está a Gisele Bündchen.

Embora não seja exatamente assim, esse caso poderia ilustrar de maneira bem mais ampla o estudo que os americanos utilizam para testar a honestidade ou a falsidade infantil. No paradigma da resistência à tentação, a criança é induzida a espiar alguma coisa à qual foi recomendada a não observar. Uma das variações é encobrir um brinquedo e proibi-las de o verem. Robert Feldman cita em seu livro o estudo realizado por Victoria Talwar no qual 87 das 100 crianças, entre 3 e 7 anos, observaram o brinquedo não permitido.

Victoria Talwar diz que "mentir está relacionado à inteligência". Para ela, a mentira exige mais desenvolvimento cognitivo avançado e habilidades sociais do que a honestidade. "É um marco de desenvolvimento", conclui. Ou seja, mentir é mais complexo do que ser honesto. Exige também criatividade. A criança precisa imaginar algo que não existe em que as outras pessoas possam acreditar. Trata-se de um jogo de dupla função. Não basta apenas mentir, é preciso que o outro acredite na mentira. Embora nem sempre se preocupe exatamente com a veracidade de suas histórias, em muitas delas a criança acredita mesmo naquilo que diz.

Portanto, é fácil concluir que o jovem que mente está em seu pleno desenvolvimento intelectual. Claro que não figuram aqui as mentiras patológicas, assunto que debateremos mais adiante.

Nancy Darling, da Universidade de Penn State, na Pensilvânia (Estados Unidos), concluiu em seus estudos sobre mentiras de adolescentes que, em média, eles mentem aos pais 1/3 das vezes. Entre as mentiras estão o uso de drogas e bebidas, o momento em que começaram a namorar, os amigos com quem saíam etc. Segundo a pesquisadora, em tese eles não estavam preocupados em quebrar as regras. Nos Estados Unidos, por duas décadas, os pais classificaram "honestidade" como o traço que mais desejariam ver em seus filhos. Características como confiança e bom-senso estavam longe do primeiro classificado.

Nas pesquisas, de acordo com a idade, de 96% a 98% dos adolescentes disseram que mentir é moralmente errado. Contudo, na mesma pesquisa, 98% confessaram mentir. Talvez isso explique a contradição que os próprios pais vivem perante a mentira. Ao mesmo tempo que dizem que é errado, exemplos revelam que ensinam as crianças a mentir de forma intensa.

O aperfeiçoamento para mentir é muito mais que um processo individual e vem de longa data, como parte da evolução da espécie humana. A mentira provou ser vantajosa para nossos ancestrais e assim continua até hoje.

David L. Smith chega a sugerir que não seria de todo errado se em vez de *Homo sapiens* (homem inteligente) nos chamássemos *Homo fallax* (homem enganador). A comparação faz crer que a mentira esteve presente em nossa evolução desde os primórdios, inclusive em lendas, mitos e contos.

A evolução da mentira se deu em todas as esferas das atividades humanas, sem exageros: onde existe um ser humano existe mentira, mesmo que ele esteja sozinho.

## O AUTOENGANO

Vimos um pouco da evolução da mentira desde a idade infantil, passando pela adolescência e chegando à fase adulta. Mentir é sinal de atividade normal em crianças e adolescentes. Se isso não ocorre, os pais devem ficar preocupados, pois crianças com deficiências mentais ou distúrbios psicológicos podem ter dificuldades para mentir, em diferentes níveis. Todavia, para o diagnóstico completo, a observação do leigo não é suficiente; a criança deve ser avaliada por especialistas como médicos, psiquiatras, psicólogos etc.

Voltando à evolução, o ser humano chega ao requinte da mentira quando cria uma forma de enganar a si mesmo. É o autoengano. David L. Smith diz que "autoengano é qualquer processo ou comportamento mental cuja função é ocultar informações da mente consciente da pessoa". Já o filósofo Eduardo Giannetti fala em autoengano intrapsíquico. No livro *O autoengano*, Giannetti afirma que sem o autoengano a vida seria dolorosa e desprovida de encanto. Conclui que sem essa prática perdemos a dimensão que nos une às outras pessoas e possibilita a convivência social.

Assim, o renomado estudioso brasileiro examina o autoengano por quatro ângulos diferentes: a identificação do fenômeno, o que é o autoengano e no que ele difere na ação de enganar o outro; a explicação de sua existência; a natureza lógica, como é possível a pessoa enganar a si mesma; e, por fim, o ponto de vista ético.

Alguns pensadores, porém, chegam a dizer que o autoengano genuíno é uma ideia absurda. O enganado e o enganador jamais poderiam ser a mesma pessoa. O certo é que se constitui uma prática muito mais comum do que parece.

O professor José Eduardo F. Porcher, da Universidade Federal do Rio Grande do Sul, cita alguns tipos de autoenganos comuns: a mãe que se recusa a crer que seu filho seja usuário de drogas ilícitas; o marido que não quer acreditar que a mulher o esteja traindo; o paciente que se recusa a crer que está enfermo; o alcoólatra que não admite seu vício; o profissional que se recusa a aceitar a mediocridade do seu trabalho.

Mesmo diante das fortes evidências, a pessoa continua a acreditar que está certa ao avaliar a situação. A piada é indicativa de como ocorre o autoengano: "Quando o sujeito pegou a esposa no sofá com seu melhor amigo, resolveu de vez o problema – jogou o sofá fora".

Vários psicólogos afirmam que o pensamento chamado normal envolve algo de grandioso, ou seja, tende a atribuir a si mesmo os créditos quando os fatos estão a seu favor e a jogar a culpa nos demais quando há desvantagens.

Nesse sentido, talvez seja autoengano o que muitos chefes de Estado, políticos e comandantes militares praticavam ao dizer: "As notícias boas o chefe anuncia; as más ficam por conta do subcomandante (ou do vice)". Pode se tratar apenas de um mote, mas, ao mesmo tempo que os comandantes dizem ser responsáveis por tudo que ocorre em sua área (ou quartel), não são portadores das más notícias. Aqui, invertam-se os dois motes (notícia e responsável): se um deles for o certo, o outro será autoengano.

Para Giannetti, o ponto culminante do autoengano é a síndrome de Charles Bonnet, doença em que pacientes com visão diminuída têm alucinações visuais. Essa síndrome ocorre com certa frequência na população mais idosa (entre 74 e 85 anos) e, por ser desconhecida dos leigos, é confundida com um distúrbio mental.

Outra variedade de alucinação é a do membro fantasma, cujos estudos começaram com relatos de pessoas que sofreram amputação de alguma parte do corpo. Os pacientes diziam sentir a presença (muitas vezes dolorosa) do membro perdido ou inativo. Médicos e especialistas acreditaram durante muito tempo que a sensação era puramente psíquica. Hoje, sabe-se que há componentes fisiológicos nesse fenômeno.

O autoengano é capaz de fazer as pessoas atingir objetivos maiores que suas verdadeiras possibilidades. Ao avaliar concretamente a vida de vários personagens da história, conclui-se que alguns deles viveram o autoengano, pois tinham capacidade intelectual abaixo da média. Mas o autoengano, aliado a outros fatores como a sorte, levou essas pessoas a alcançar e a realizar proezas inimagináveis. Ou seja, mentir a si mesmo traz os mais diversos tipos de benefícios.

Quem pratica o autoengano costuma sair quase por completo da realidade, mas, ao contrário das pessoas doentes, tem consciência das mentiras e trabalha com afinco para acreditar nelas.

Uma mulher tem certeza de que possui algum tipo de poder extrassensorial. Sem saber explicar isso ao certo, diz que suas margens de acerto em determinados casos são espantosas. Compara-se a uma verdadeira bruxa por seu nível de intuição e seus poderes. Como o namorado gosta de futebol, sua capacidade de acertar os resultados dos jogos é impressionante.

Infelizmente para o namorado, o "impressionante" não passa de 50%, pois do contrário ficariam ricos jogando na loteria. De imediato ela rebate, dizendo que a religião não permite que os fiéis participem de jogos de azar, e que se ele observasse o último resultado veria que ela havia acertado em cheio. O namorado confirma o acerto, mas lembra de outros casos em que ela errou. Existe sempre alguma desculpa para tal. Os acertos potencializam sua crença na capacidade de antecipar o futuro. Os erros são imputados aos mais diversos contratempos.

Robert Feldman diz em seu livro que a necessidade de proteger a autoimagem é uma força extremamente poderosa nas percepções do mundo. Afirma também que é comum criar até mesmo um filtro que bloqueia as informações que afetem a autoimagem. Esse tipo de procedimento é ampliado por muitos políticos, atores e personalidades públicas. Deve-se ao fato de a pessoa se avaliar como superior aos demais, sempre positivamente, e à necessidade de manter a imagem para conseguir ganhos eleitorais, financeiros ou sociais.

A autoimagem protegida mostra a necessidade de expor apenas aquilo que considera conveniente para os outros. No caso da mulher com "poder extrassensorial", os resultados são pequenas querelas com o namorado, mas em outros a pessoa tenta controlar sua imagem. Não que isso seja sempre um erro, mas em geral a mentira é o meio mais fácil e prático de se posicionar perante a opinião pública. Existe ainda a exposição seletiva, em que as pessoas evitam se mostrar para que não se conheçam suas reais deficiências. A imagem é importante; a autoimagem, mais ainda.

Ainda segundo Feldman, "evitamos informações que nos desafiam e acolhemos as que nos fortalecem". Para o observador mais atento, as mentiras dos políticos e o autoengano por eles propalado são fáceis de ser reconhecidos.

Nos últimos anos, o Brasil vem assistindo a um festival de autoenganos unidos à má-fé. Muitos políticos assumiram obras e feitos de outros; parte se deve ao autoengano, mas a maioria pode ser creditada à má intenção. Dizer que o sistema de saúde público brasileiro beira a perfeição e acreditar nisso é, no mínimo, autoengano, embora alguns falem em oportunismo político. Esse tipo de tratamento tendencioso pode fazer que certas pessoas assumam determinadas crenças, uma vez que estas, apesar de falsas, são tratadas como verdade. Só o autoconhecimento evita isso, pelo menos em parte.

# 4. Por que mentimos

A pesquisa sobre a mentira é muito abrangente e a pergunta "Por que mentimos?" talvez seja uma das mais instigantes. Diversos autores, cientistas e pesquisadores se debruçaram sobre o tema a fim de obter respostas. A arte de mentir foi se sofisticando ao longo da evolução humana; mais do que isso, elevamos a mentira ao seu grau máximo, muito além da simples luta pela sobrevivência, como ocorre em outras espécies.

Há diversos tipos de mentira, entre os quais: falso-testemunho, ocultação, omissão, exagero na informação, reconhecer algo como verdadeiro quando na verdade é falso, meias verdades etc. Da mesma forma, são inúmeros os motivos pelos quais a mentira acontece, como é o caso, já citado, do medo de punição. Trata-se daquilo que as pessoas sentem após contar uma mentira, mas na verdade tal medo surge antes que a mentira seja contada.

## MEDO DE PUNIÇÃO

Talvez seja o motivo mais comum pelo qual mentimos. Um típico caso foi protagonizado em 2005 pelo então assessor parlamentar Adalberto Vieira. Ele foi capturado pela Polícia Federal, no aeroporto de Congonhas, com R$ 209 mil em uma bolsa de mão e mais US$ 100 mil escondidos na cueca, quando tentava embarcar para Fortaleza.

Assim que foi pego, Vieira afirmou que o dinheiro seria para plantar mandioca ou o resultado da colheita do tubérculo em sua roça. Em seguida, em interrogatório, mudou a versão, dizendo que havia feito negócios com um empresário desconhecido. Esse caso corrobora a visão de Paul Ekman: "É mais fácil pegar o mentiroso quando ele conta a mentira pela primeira vez".

Ao ser pego, o rosto de Adalberto mostrava, ao mesmo tempo, surpresa e medo. Ele não esperava a abordagem (surpresa). No entanto, sabia que se fosse preso não teria argumentos para se defender (medo). Depois disso, embora as histórias contadas fossem contraditórias, o réu sustentou parte das mentiras para se livrar da prisão.

## Obtenção de prestígio

Cadetes da escola militar, depois de longo período de confinamento, ganhavam licença para viajar. Quando voltavam à Academia, tinham por hábito mentir sobre as aventuras amorosas. A tentativa de elevar a reputação caía por terra quando o colega dizia: "Passei na sua casa e sua mãe disse que no sábado você ficou estudando até de madrugada". Esse tipo de mentira tem poucas consequências e é bem comum; as pessoas ampliam o currículo com títulos de mestrado, cursos no exterior e experiências de liderança que nunca tiveram.

Pesquisas feitas pelo psicólogo Jerry Jellison, da Universidade do Sul da Califórnia, apontam que as pessoas consideradas mais mentirosas têm maior número de contatos sociais. Nesse grupo estão advogados, vendedores, jornalistas, médicos e psicólogos.

Ao mesmo tempo que ganha prestígio, o mentiroso deseja manter alto o nível de autoestima. Ele potencializa um fato real, dando-lhe uma grandiosidade que existe apenas em suas mentiras.

"Nunca antes na história desse país." Esse foi durante muito tempo o bordão usado pelo então presidente da República Luiz Inácio Lula da Silva. Depois de algum tempo, acabou se tornando piada entre humoristas e jornalistas.

Analisando o caso, nota-se que o ex-presidente usava em seu discurso a autoconveniência — tendência a atribuir o sucesso a fatores pessoais e internos, como a capacidade intelectual, o esforço. Por vezes não existe relação causal entre o sucesso e o esforço ou a importância e a inteligência da pessoa, mas ela quer acreditar nisso.

No egotismo, a pessoa exagera seus atributos pessoais.

David L. Smith inclui entre os mecanismos do autoengano a "propensão a se considerar virtuoso". Segundo ele, algumas pessoas tendem a acreditar que seus padrões morais são mais altos e mais coerentes do que os de outros.

Em geral, os egotistas costumam falar em imponência, exagerando tanto no conteúdo quanto na forma. Muitas vezes não percebem os limites que ultrapassam. Para se promover, o egotista passa por cima de qualquer pessoa e tem dificuldade de reconhecer as realizações dos demais. As vantagens que os egotistas obtêm tendem a ser pessoais e não materiais. Para o egotista, a mentira aparece como alavanca. Além disso, existe o autoengano, que será mais intenso quanto maior for a grandiosidade com que a pessoa se coloca.

A pessoa egotista vive bem em sociedade e até passa a ser considerada "diferente e exótica" pelos demais. Na verdade, é exatamente isso que ela deseja, mas nem sempre percebe com clareza a verdadeira definição de "diferente e exótica". Considera tal avaliação como positiva, mas na realidade não é bem assim.

Elza Cansanção Medeiros foi uma das mais aguerridas brasileiras do século XX. Veterana da Segunda Guerra Mundial, atuou como enfermeira em cirurgias na Itália. Sua vida foi repleta de grandes aventuras no sentido literal da palavra, mas ela tinha a chamada "ilusão de controle" – tendência a exagerar o próprio grau de interferência nos fatos externos. É fato que Elza participou de dezenas de eventos importantes, tanto na guerra como no pós-guerra. Certa vez, contudo, me contou que esteve no Palácio do Catete dias depois que Getulio Vargas se suicidou e que somente por suas conversas com alguns generais o Brasil não entrou em uma revolução. Tenho certeza de que ela conversou com tais generais, pois tinha estreita amizade com alguns deles, contudo sua influência sobre eles até certo ponto era questionável.

## MEDO DO CASTIGO

O medo da punição motiva muitas mentiras, e não só de crianças. O empregado que chega atrasado ao trabalho teme um desconto no salário. Certo astro no Brasil, iniciante na carreira de boxeador, alegou ter se atrasado para o treino devido a um pneu furado, quando nem carro tinha. Na verdade, tentava esconder a noite de farra. O mesmo fez o jogador de futebol Somália, que simulou um sequestro para encobrir o atraso ao treino. No primeiro caso eram escassas as câmeras em elevadores e os celulares praticamente não existiam. Já no segundo a mentira foi facilmente detectada.

No exemplo bíblico, São Pedro mentiu três vezes ao negar Jesus Cristo, provavelmente por medo do castigo físico que decerto o levaria à morte.

Muitas dessas mentiras estão ligadas à dificuldade do mentiroso de assumir seus atos. Ele mente na tentativa de evitar o castigo. Como é pouco provável que exista a "mentira isolada", é certo que o mentiroso vai se enredar em outras mentiras e piorar sua situação.

No caso da criança que sofre *bullying* na escola, a motivação é contraditória. Ela mente aos pais dizendo que está tudo bem justamente para esconder as agressões físicas de que vem sendo vítima.

## EVITAR CONSTRANGIMENTOS

Certa vez, em um programa de televisão, durante uma entrevista com três atores de novela, perguntaram se dois deles estavam tendo um caso. A outra atriz, mais experiente, de imediato tomou a palavra e mudou de assunto para proteger o casal. Nesse caso, além de evitar constrangimentos, tirou os dois de situação extremamente embaraçosa, pois ambos eram casados.

Na mesma linha está a mãe que pede à criança que não critique a sopa de espinafre que a tia Ricota gentilmente oferece quando a visitam. O constrangimento se mistura com um pouco de pena quando a psicóloga diz ao candidato que a vaga foi fechada, mas assim que surgir outra oportunidade entrará em contato. Ao mentir, ela evita constranger a pessoa que se encontra desesperada para conseguir emprego.

Não dizer que a amiga está mais gorda ou fazer elogios ao vestido horrível que a chefe está usando no baile são exemplos de mentira em interações sociais. A mentira como "amortecedor" das relações sociais é mais comum do que se pensa; mais do que isso, é obrigatória.

Selma era empregada doméstica e certo dia telefonou para o tio dizendo que estava no hospital com dengue. Explicou que a família não precisava se preocupar, pois ela ficaria em observação por apenas dois dias. Solicitou a ele que avisasse os patrões. Como estava se sentindo bem, garantiu que não eram necessárias visitas. Como depois de três dias os parentes não tiveram notícias de Selma, foram visitá-la no hospital. A grande surpresa: ela tinha dado à luz. Como estava um pouco acima do peso e usava vestidos largos, nem os quatro filhos nem os patrões e parentes desconfiaram da gravidez. Por não ser casada, não queria se expor diante de todos.

Quanto mais crítica a mentira, menor a possibilidade de ser uma "mentira isolada". Para chegar até esse ponto, Selma teve de montar algum tipo de trama: a teia de mentira é sempre formada por outras de pequeno porte. Acabou sendo desmascarada pela assistente social, que procurou a família para se certificar de que eles não queriam ficar com a criança, já que ela estava no programa de doação voluntária. O plano inicial era ficar somente dois dias no hospital e doar o bebê antes de voltar para casa, supostamente curada da "dengue". Ela queria evitar constrangimento e preocupação, pois sabia que tinha pouca possibilidade de criar mais um filho.

## PROTEGER PESSOAS E PRESERVAR A REPUTAÇÃO

Ainda na linha do item anterior, mentimos para proteger outras pessoas e preservar a reputação. O exemplo mais comum é "preservar a memória do morto". No Brasil existe o hábito de absolver de imediato aquele que morreu, livrando-o de todas as culpas do mundo. Nesse caso, a mentira seria quase um autoengano.

De modo mais específico, muitas pessoas tentam preservar a imagem moral daquele que faleceu. Até certo ponto é compreensível, principalmente porque estamos falando de laços de parentesco.

Até os programas de televisão mostram versões da vida de artistas e outras personalidades de forma mais "aceitável" depois da morte. Algumas vezes a própria família não deixa que os fatos reais sejam divulgados. Mas há alguns exageros. Recentemente, uma série de televisão contou a vida de um ex-presidente. A versão contada foi de que ele era apaixonado apenas pela mulher com quem se casou. Mas sabe-se que, na realidade, teve várias amantes. É uma dessas mentiras que visam preservar a figura do personagem morto.

Também era comum mentir sobre a doença de personalidades públicas. Hoje, essa tendência deixou de existir e algumas expõem de forma direta seu problema, diminuindo as especulações.

## Ganhos materiais e pessoais

A lista é bastante extensa. O vendedor que exalta as qualidades do tênis de couro quando na verdade sabe que ele é composto de apenas 5% do referido material. A empresa que vende o perfume que tem o poder de atrair qualquer tipo de homem ou mulher. A televisão que vai durar por toda uma vida.

Nos ganhos pessoais, o galanteador mostra qualidades que não possui para conquistar a amada, e ela também se preocupa em reafirmar atributos que não tem. Há ainda o pretendente ao cargo que amplia suas qualificações pessoais, como já foi mencionado antes.

Nem sempre existe um motivo específico para mentir. As causas são várias e em geral estão entrelaçadas. Mentir para obter bens materiais e pessoais pode estar intimamente relacionado à busca de prestígio social.

O dia 3 de setembro de 1989 ficará para sempre marcado no futebol, em especial para o goleiro chileno Roberto Rojas. Na ocasião, uma simples vitória do Chile contra o Brasil nas eliminatórias levaria o time à Copa do Mundo da Itália. Seria a primeira vez na história das copas que a seleção brasileira não participaria do principal torneio de futebol do planeta. A história mostra que vencer o Brasil no Maracanã é tarefa difícil para qualquer equipe do mundo, e as dificuldades aumentam quando se fala em mundiais.

Precisando do empate, o Brasil vencia por 1 a 0 até os 24 minutos do segundo tempo, com um gol do centroavante Careca. Naquele momento, surgiu no cenário nacional a figura de Rosenery Mello do Nascimento. Com apenas 24 anos, a torcedora disparou na direção do goleiro Rojas um sinalizador marítimo. De imediato, o goleiro caiu no chão como se tivesse sido atingido pelo objeto. Levou as mãos ao rosto ensanguentado. Os jogadores chilenos saíram revoltados com tal ato de covardia. Depois de algum tempo, o árbitro argentino Juan Lostau deu por encerrada a partida.

A farsa começou a ser desmontada pelo exame médico realizado ainda no Maracanã. Não havia queimaduras nem vestígios de pólvora, mas um corte preciso na testa de Rojas, acima do supercílio. Rosenery foi presa em flagrante e corria o risco de se tornar a maior vilã de todos os tempos do futebol brasileiro. Imagens gravadas pela televisão e fotos revelaram a fraude. Uma rede de televisão chilena mostrou um vídeo no qual aparecia a trajetória do pedaço de metal que atingiu o goleiro.

O resultado foi desastroso para o Chile. A Fifa baniu do futebol o técnico Orlando Avarena, o médico Daniel Rodríguez, o dirigente Sergio Stoppel e, consequentemente, o goleiro Rojas. Foi constatado que Rojas carregava na luva uma lâmina pronta para qualquer eventualidade que surgisse – e ela apareceu.

O jogador Fernando Astengo, o capitão da equipe, também foi punido, e o Chile só pôde disputar outra eliminatória para a Copa do Mundo em 1994. Rosenery virou capa da revista *Playboy* e Rojas, mesmo antes de ser anistiado pela Fifa, foi contratado como funcionário pelo São Paulo Futebol Clube, em um gesto que surpreendeu a poucos, pois em anos no clube o goleiro sempre foi considerado uma pessoa ética e leal.

O caso tipifica a mentira para conseguir vantagens pessoais, já que os jogadores atingiriam um feito inédito. A mentira comum tem a gênese diferente da mentira para manter vantagens pessoais ou ocultar alguma coisa, pois não existia e foi criada para tal finalidade. Para Rojas e os demais integrantes da seleção chilena, o objetivo era conseguir vantagens pessoais e financeiras.

Um comparativo é o caso do senador Renan Calheiros, quando mentiu a respeito da criação de bois para ocultar outros fatos. Na situação do senador, o verbo "conseguir" é substituído por "manter", pois existia anteriormente outra mentira, a de que o político era capaz de pagar com recursos próprios uma pensão judicial de 12 mil reais ao filho com a jornalista Mônica Veloso, fruto de um relacionamento extraconjugal. Ele tentava negar a acusação de que o pagamento era feito por um lobista.

## Preservar a privacidade

Certos artistas não costumam falar abertamente de vida amorosa, visando preservar a intimidade. Alguns, mesmo com relacionamentos estáveis, omitem, com a anuência dos parceiros, que são casados para angariar mais fãs.

Os adolescentes tendem a esconder coisas dos pais com o objetivo de preservar sua privacidade em várias esferas, como afetividade e sexualidade. Aqui também, às vezes, a mentira vem acompanhada do medo de punição. A adolescente que começou a fumar e sabe que o pai é antitabagista convicto evita contar por medo de perder a mesada ou de não poder mais sair com as amigas.

Nancy Darling, pesquisadora americana, diz que quanto mais permissivos são os pais mais os adolescentes são capazes de mentir.

## Manipular informações

Muitos políticos transmitem informações totalmente fora da realidade para o povo, em especial quando se trata de estatísticas. Mas a manipulação não aparece apenas na política. O garoto que se encanta com a menina que acaba de conhecer diz que não tem namorada, que era apenas uma "ficante", para poder levar adiante sua nova paixão.

De acordo com alguns estudos, mentimos mais no momento da autoapresentação. Isso ocorre principalmente nas entrevistas de emprego e no primeiro encontro amoroso. Descontado o fato de que a produção visual e a verbalização utilizadas tendem a ser um pouco melhores, a pessoa diz aquilo que o outro gostaria de ouvir, seja o recrutador ou a futura namorada.

Não seria inteligente a menina apaixonada dizer ao pretendente no primeiro jantar que só acorda ao meio-dia e escova os dentes às 13h. O mesmo serve para o candidato ao emprego que diz não gostar da política de recursos humanos da empresa que o está contratando. Para conquistar o objeto de desejo, a realidade passa a ser distorcida conforme as mais variadas conveniências.

Segundo os pesquisadores Wade C. Rowatt, Michael R. Cunningham e Perri B. Druen, da Baylor University, dos Estados Unidos, as pessoas mudam de tática ao se apresentar a outras de acordo com o que estas consideram mais ou menos atraente. Ou seja, mentem para se mostrar mais parecidas com aqueles com quem interagem. Quando as pessoas encontram afinidades entre si, a interação é melhor.

João nunca gostou de filmes de terror, aliás, sempre que a televisão exibia algo assim ele saía da sala. Cinco minutos depois de apresentado a uma moça, ficou sabendo que ela era fã incondicional desse tipo de filme. Com a cara mais lavada do mundo convidou-a para assistir a *Poltergeist – O fenômeno* (EUA, 1982). Apavorante para a época, os dois saíram do cinema transformados: ele se tornou fã desse gênero e ela deixou de gostar. Somente quando ficaram noivos o rapaz revelou a mentira proferida no primeiro encontro.

Durante a apresentação – e depois – pode ocorrer aquilo que os psicólogos chamam de espelhamento corporal e vocal. Os parceiros sincronizam seus movimentos e os gestos passam a ser quase idênticos: um reflete o gosto do outro. Assim, muitas das mentiras fluem com mais facilidade.

O ato de contar as mais diversas mentiras a fim de potencializar a autoapresentação não se restringe aos encontros amorosos e a entrevistas de emprego. No mundo da política isso é bastante ampliado. As informações que os políticos desejam passar são trabalhadas veementemente, a começar pelas fotografias.

Se um estrangeiro totalmente leigo quanto à política nacional chegasse ao Brasil às vésperas das eleições municipais de São Paulo, em 2000, veria a foto de uma candidata no auge de sua beleza, aparentando ter por volta de 30 anos de idade. Na verdade, a candidata em questão era Marta Suplicy, com pouco mais de 50 anos. Ela não foi a única a adotar recursos para manipular a imagem. Outros candidatos fizeram o mesmo. Os recursos mais usados vão da aplicação de substância botulínica, mais conhecida como botox, a implantes capilares.

Se a mentira ficasse apenas na imagem, tudo estaria de bom tamanho. Com o objetivo de manipular os eleitores, os políticos acabam omitindo dados, passando informações desconexas, divulgando falsas verdades. Eles lançam mão desses expedientes em entrevistas e debates políticos como forma de manipulação, usando expressões dúbias como "recursos não contabilizados de campanha". Nessa modalidade existe o que chamo de "mentira desviada". A pessoa recebe a pergunta e repete a introdução. Por fim, a resposta é totalmente alheia à pergunta inicial.

## SENSO DE PODER

Na sociedade, quem detém a informação pode controlar tanto o meio em que vive como as pessoas ao seu lado. Ao ter dados privilegiados, a pessoa é mais requisitada e procurada pelos demais. Quem dispõe de informações sobre o mercado de câmbio de forma antecipada, por exemplo, tem um grande trunfo em mãos. Para ter esse poder, muitos passam a inventar informações e a transmiti-las. No entanto, quando o mentiroso é descoberto, vê seu poder diminuir de imediato.

## MANIPULAR O COMPORTAMENTO DO OUTRO

Arlézio, escriturário de polícia no interior de São Paulo, figura folclórica na cidade, tinha problemas com álcool e gostava de se passar por autoridade. Adorava apitar jogos de futebol amador aos domingos e era muito exigente com todos os times. Numa partida, depois de marcar uma falta, um jogador reclamou e virou de costas. Naquele momento, outro jogador passou ao lado do árbitro e disse ao adversário faltoso: "Raimundão, tudo bem reclamar, mas chamar a mãe do juiz de puta é demais". Imediatamente expulso, por pouco Raimundo não agrediu o árbitro e o jogo não terminou.

## ESCONDER ALGO — "QUEM NÃO SOU EU"

Trata-se de um tipo de manipulação de informação mais específica. A pessoa não quer que saibam de algo sobre si ou sobre outros. Assim, transmite uma série de informações falsas.

Jacques Mornard. Esse era o nome que constava no passaporte de Jaime Ramón Mercader del Río Hernández. Ao assassinar Leon Trotsky, na Cidade do México, acabou preso. Apesar de torturado, dizia-se belga de nascimento, mesmo depois de as autoridades daquele país o interrogarem e descobrirem que ele não conhecia um único lugar da suposta terra natal. Na realidade, era um agente comunista nascido na Espanha cooptado pela polícia secreta de Josef Stálin, a NKVD, para matar o dissidente do regime soviético. O próprio Trotsky fora alvo das mentiras de Stálin; acusado de trair o regime, teve de se exilar no México.

Essa maneira de se apresentar como outra pessoa, a conhecida falsidade ideológica, é frequente em delegacias de polícia no Brasil. O bandido, ao ser pego, geralmente porta uma carteira de identidade falsa, quase sempre reconhecida pela polícia como tal. Quando não carrega o RG, diz o nome de um conhecido que tenha mesma idade e aparência. A simples consulta do nome não vai apontar crimes em sua ficha, por isso os policiais utilizam outros recursos, como fotos, impressões digitais etc.

As mentiras das pessoas que tentam se passar por outras são as mais variadas. Em junho de 2011, em Curitiba (PR), Adilson Domingues tentou obter a carteira de motorista para a esposa. Para tanto, utilizou a identidade dela, Eduvanir Domingues. O nome unissex não foi suficiente para enganar a examinadora: constatou-se crime de falsidade ideológica.

Outro fato comum em várias partes do mundo é de irmãos gêmeos que trocam de lugar nas mais diversas situações. Na cadeia de Piracicaba, interior do estado de São Paulo, a Polícia Militar descobriu que o presidiário Daniel Monteiro trocara de lugar na cela com o irmão, Danilo Monteiro, durante as visitas. Fizeram isso por mais de dois anos, chegando algumas das trocas a durar quase um mês, exatamente no tempo das visitas. A descoberta ocorreu porque Daniel, o verdadeiro presidiário, foi detido em uma *blitz* policial, mas não conseguiu convencer os policiais de que era o irmão sem condenação judiciária.

## MENTIRAS COMO REALIZAÇÃO DE UM DESEJO

Charles V. Ford diz em seu livro que a criança mente para expressar determinados desejos, como quando um garoto diz ao pai que quer ser um grande piloto de avião quando crescer. Isso é normal até certo ponto, principalmente entre crianças com limitações físicas ou até financeiras.

A adolescente que diz às amigas que pretende ir à Disney com os pais no fim do ano mente apenas para estar no mesmo nível das companheiras e ser aceita por elas com mais facilidade. Mas existe o limite patológico nesse tipo de mentira. Dizer que "pretende" é uma mentira quando se sabe da quase impossibilidade da viagem; mas dizer que vai todo ano e viaja sozinha pelo mundo, em alguns casos, se transforma em mentira patológica.

## APOIAR OU BENEFICIAR OUTRA PESSOA

No livro *Justa* (Civilização Brasileira, 2011), a historiadora Mônica Raisa Schpun conta a história da diplomata Aracy de Carvalho, esposa de Guimarães Rosa. Como funcionária do escritório brasileiro em Hamburgo, foi uma das principais responsáveis pela emissão de passaportes aos judeus que desejavam fugir do nazismo. Nesse caso, a mentira era por uma causa nobre.

De tempos em tempos, aparece em distintos lugares do Brasil a estátua de uma santa que chora. Em algumas dessas imagens, as lágrimas são de sangue; em outras, de mel, óleo, perfume etc. Imediatamente uma legião de fiéis se amontoa na igreja para ver o fenômeno. A televisão mostra a santa, entrevista especialistas, padres e parapsicólogos. A igreja não se compromete de imediato. Diz que é preciso avaliar bem os fatos. Enquanto isso, o número de fiéis cresce, e a igreja de determinado padre tem seus dias de glória. Então o fenômeno cessa quase por encanto. Anos depois, volta a aparecer. O roteiro é quase sempre o mesmo. Em geral, o padre, o sacristão ou até algum beato é acusado da fraude.

Esse tipo de mentira, que invariavelmente conta com o beneplácito dos fiéis, favorece várias pessoas, inclusive o pipoqueiro que está na porta da igreja.

Em outras épocas, os "cavalheiros" jamais diziam que haviam tido relações sexuais com a antiga namorada, principalmente quando a ex estava noiva de outro. O antigo namorado da princesa Diana, no entanto, foi pouco hábil. Antes que ela se casasse com o príncipe Charles, ele declarou à imprensa que era um absurdo pensarem que eles haviam tido relações sexuais. Pouca gente acreditou, é claro.

Em benefício do paciente, o médico mente em relação a seu real estado de saúde. Em alguns casos, explicar o quadro clínico pode representar uma sensível piora. A famosa canção de ninar "Boi da cara preta" tem objetivo semelhante, pois ajuda os pais a acalmar a criança antes de dormir.

## CAUSAR DANOS AO OUTRO

Nesse caso, a mentira é utilizada como arma, destruindo a vida de uma pessoa. No Capítulo 12, descrevo com detalhes a história do ator Mário Gomes, vítima de uma mentira que quase lhe custou a carreira. Nesse caso, a mentira pode ser concebida como forma de agressão verbal ou sadismo.

Esse tipo de recurso, extremamente sórdido, tem sido usado no Brasil por políticos que tentam imputar aos adversários determinadas condutas que consideram erradas, mas que são exatamente aquelas que tomarão assim que forem eleitos.

## PRAZER

Assim como muitos atletas se arriscam pelo prazer da aventura, pelos altos níveis de adrenalina, há quem minta pelo simples prazer de mentir. O ganho é o prazer de ver a vítima enganada e de provar sua capacidade de mentir, sua superioridade em relação à pretensa vítima. Paul Ekman chama isso de o "prazer de enganar". "A mentira pode ser vista como uma realização que o faz sentir-se bem", afirma ele no livro *Telling lies*.

Quase 20 anos antes de Ekman, o psiquiatra Ben Bursten utilizou o termo *putting one over* (acrescentar algo) para expressar os mesmos tipos de sentimentos envolvidos na mentira. Em algumas situações, o prazer de mentir não passa de uma simples brincadeira entre amigos, na qual o outro é colocado em uma situação delicada pela mentira. No entanto, em muitas dessas mentiras prazerosas há componentes de maldade.

As mentiras são facilmente propagadas, na maioria das vezes não pela competência do mentiroso e sim pela incompetência da vítima. A frase explica, em parte, a motivação geral das pessoas que mentem por prazer.

Carlos da Cruz Sampaio Júnior sonhava entrar na Academia Militar das Agulhas Negras (Aman), uma das mais conceituadas do mundo. Como centenas de jovens, fracassou e tinha uma explicação pronta: "Acho que uma série de fatores de natureza pessoal me levou a não chegar à academia militar". Uma frase amorfa, sem grande significado geral, que esconde vários tipos de frustração. Carlos poderia dizer apenas: "Não consegui passar no exame de seleção".

Anos depois, no entanto, Sampaio ocupou o cargo de coordenador da subsecretaria de Planejamento e Integração Operacional da Secretaria de Segurança do Rio de Janeiro. Antes de atuar como funcionário administrativo do Zoológico do Rio, trabalhou com limpeza predial, entre outras coisas. Ao deixar o emprego no zoológico, falsificou de maneira grosseira a carteira de identidade e se tornou oficial do Exército brasileiro. Apresentou-se com a patente de major no 6.º Batalhão da Polícia Militar, dizendo que fazia parte do programa de cooperação entre as instituições. Lá, mostrou seu projeto de policiamento dos bairros da cidade do Rio de Janeiro. Não contente, resolveu se promover a tenente-coronel. "Quando você passa a ser tenente-coronel e apresenta o seu trabalho, todo mundo diz amém e funciona", disse em entrevista a um canal de televisão.

Seus conhecimentos eram oriundos dos livros que estudava constantemente. A promoção trouxe prestígio. Ele conseguiu implantar seu projeto em vários batalhões, além de planejar e distribuir as viaturas de polícia pelos bairros da cidade. Também comandava ações da polícia em confronto com marginais e treinava os policiais.

Por seus conhecimentos, era sempre chamado para ministrar palestras a respeito de segurança pública. Dizia, entre outras mentiras, ter feito o curso na Academia das Agulhas Negras. Não bastasse isso, relatava ter atuado no batalhão da guarda presidencial em Brasília, outra unidade de elite das Forças Armadas.

Depois de desconfiar de suas qualificações, a Secretaria de Polícia enviou um ofício solicitando informações sobre o "tenente-coronel" ao Comando Militar do Leste, principal unidade do Exército no Rio de Janeiro. Recebido pela manhã, foi respondido de imediato e, antes do fim do expediente, tinham a notícia de forma direta e quase lacônica: Carlos da Cruz Sampaio Júnior nunca pertenceu aos quadros da instituição.

Durante três meses, Sampaio enganou toda a organização militar e atuou nela de maneira ativa. Quando questionado sobre a carteira de identidade com o uniforme de gala, que não é utilizado pelos militares, tentou continuar com a mentira: "Não falsifiquei. Criei. É diferente. Para falsificar é necessário pegar a documentação e transformar os dados. Eu simplesmente editei a carteira toda no Photoshop. Então, eu criei. Não é uma falsificação. Isso aí depende do seu ponto de vista".

As falsificações eram muito grosseiras, mas foi a falta de verificação dos dados que ocasionou tudo. Como no caso dos diplomas falsos que descreverei mais adiante, bastam simples conferências para observar determinados tipos de erro e constatar algumas mentiras.

O próprio secretário de Segurança, certamente mal assessorado, assinou a nomeação de Sampaio como coordenador da subsecretaria de Planejamento e Integração Operacional.

Algumas características dos objetivos de mentir se mesclam nesse caso. O que mais se destaca é o ganho de prestígio. Sampaio não se contentou em ser major, se promoveu a tenente-coronel. Ficou patente em suas entrevistas que existia o prazer de mentir e passar por alguém que ele não era. Alguns especialistas aventaram a hipótese de que Sampaio tivesse problemas mentais, mas ao que se sabe a patologia nunca foi confirmada.

Em dado momento, ele foi preso. Mais tarde, declarou em entrevista: "Acho que as pessoas acreditam na forma como você se coloca e o que você coloca. Se você chegar, disser que é o presidente da República, souber se colocar como presidente e se portar como tal, tiver representatividade, eu acredito. Eu poderia me passar por presidente, você não".

O viés da verdade funciona de maneira plena nesse caso, existe a intenção de acreditar, por mais que a história seja inverossímil. Outra declaração do mentiroso fardado confirma isso: "Ué?! Bastou dizer e as pessoas acreditaram".

Na cidade de São Paulo, Felipe Vieira Silva, de 20 anos, se apresentava como tenente da Aeronáutica e fazia palestras nas escolas de ensino médio. Fardado e com um palavreado bem desenvolvido, atuou em várias escolas da cidade. Na realidade, era ex-soldado e, quando preso, disse que não ganhava nada com isso, fazia simplesmente por prazer, sem o objetivo de roubar, furtar ou ferir alguém. Sua carreira como palestrante militar foi curta, mas há pessoas que assumem profissões e as exercem por toda a vida.

No interior de São Paulo, até hoje as famílias não acreditam que o dr. João (nome fictício, para não ser identificado) não era farmacêutico, embora tenha vivido como tal por mais de 25 anos, até morrer. Atendia pessoas, dava remédios e conselhos, nunca "matou" ninguém, aliás, sempre curou.

Nem sempre conseguimos precisar os motivos dessas pessoas. O jovem Felipe chegou a confessar que mentia por prazer, mas o dr. João fez de sua mentira um meio de vida e passou por ela de maneira confortável, pelo menos aparentemente.

Mesmo admirado e respeitado pela população da pequena cidade, o dr. João nada mais era do que um impostor, alguém que finge ser outra pessoa com o objetivo de obter vantagens sociais, financeiras e psicológicas.

Os impostores, em geral, são muito ousados, como no caso da grã-duquesa Anastásia Nikolaevna, da Rússia. Depois do assassinato da família real russa em 1918, surgiram rumores de que ela havia sobrevivido ao massacre. Várias mulheres se apresentaram como herdeiras, entre elas Eugenia Smith e Anna Anderson.

O corpo de Anna foi cremado na ocasião de sua morte, em 1984. Um exame de DNA realizado em 1994, com fragmentos de seus tecidos e cabelos, não mostrou nenhuma relação com o DNA da grã-duquesa.

Os motivos que levam a pessoa a se tornar um impostor são vários. No caso do "Tenente Silva" (Sampaio), fica clara a necessidade de ser admirado socialmente. Para outros, como o dr. João, o objetivo era ganhar dinheiro e fazer parte de um contexto social seguro. Em muitos casos, o impostor visa apenas ao lucro puro e simples. Há também "impostores parciais", que assumem determinado papel em certas ocasiões. Um dos exemplos disso são pessoas que dizem ter participado de fatos ou acontecimentos importantes.

A invasão de um sítio em Ibiúna, no congresso clandestino da União Nacional dos Estudantes (UNE), durante a ditadura militar, foi um marco para os estudantes. Segundo fontes, foram presos cerca de 920 estudantes no congresso que estava proibido de acontecer. Porém, depois de ler tantas declarações, constatei que o número de pessoas que participaram do congresso teria de ser, no mínimo, 20 vezes maior. O fato é que muitos "impostores parciais" desejaram estar no sítio para fazer parte da história.

Na cidade de Curitiba (PR), encontrei uma universitária que afirmou estar entre os estudantes durante a invasão da Polícia Militar ao prédio da Pontifícia Universidade Católica (PUC), em São Paulo, no ano de 1977, comandada pelo coronel Erasmo Dias. Descreveu com detalhes o sofrimento que os estudantes passaram e a violência sofrida. O fato de ter apenas 28 anos em 2001 não a impediu de contar as mentiras.

O mesmo ocorreu nos Estados Unidos e na Europa. Se os relatos fossem verdadeiros, a quantidade de pessoas que estavam no Titanic seria muito maior que a original, bem como o número de combatentes na guerra do Vietnã.

O impostor parcial não apresenta o mesmo risco do "impostor predador", aquele que mente para retirar tudo que pode da vítima, do dinheiro à autoestima.

Foi o caso de um homem que desempenhou vários papéis na vida: coronel da Aeronáutica, engenheiro da Petrobras, engenheiro da Embratel, entre outros. Apresentava-se assim às mulheres com mais de 45 anos, e estava sempre às vésperas de se aposentar. Após a conversa inicial (rastreamento), dizia exatamente aquilo o que elas queriam ouvir. Afirmava que desejava abrir um negócio. Depositava o dinheiro que recebia das pretensas comissões na conta da já então noiva. Depois de algum tempo, alugava um imóvel e, como abriria sociedade com a futura esposa, afirmava que dividiria o investimento na empresa em partes iguais. Uma vez com o dinheiro na conta, sacava tudo e desaparecia. Preso, recebeu queixa de mais de 50 vítimas, sem contar as mulheres que nunca se manifestaram. Na delegacia, diante da indignação de algumas, disse que nunca as obrigou a nada, o problema era delas. Esse tipo de fraudador não costuma ter empatia pelas vítimas. Suas declarações beiram o diagnóstico de sociopatia. Robert Feldman diz que "a psicologia dos vigaristas parece unir as táticas do impostor à ganância dos fraudadores".

Existe ainda outro tipo de distúrbio chamado de síndrome do impostor ou (*impostor phenomenon*, em inglês). Embora não seja um distúrbio psicológico reconhecido pelas autoridades médicas, é bastante pesquisado. Os que sofrem dele não se acham capazes ou inteligentes, atribuindo o próprio sucesso à sorte. A síndrome do impostor pode ser permanente ou temporária e, segundo pesquisadores, as mulheres são mais propensas a ela, embora estudos apontem que o percentual é o mesmo nos homens. Em geral são pessoas de inteligência e desempenho acima da média, mas que não acreditam em suas realizações pessoais, mesmo que sejam registradas, como teses, dissertações etc. No meio acadêmico, a porcentagem maior de incidência está entre aqueles que fazem especialização ou mestrado.

Como citação curiosa, se por um lado esse tipo de pessoa acredita que realmente é menos capaz e aquilo que realizou não tem importância, existe o efeito Dunning-Kruger, que pode ser considerado exatamente o contrário da síndrome do impostor. Nesse caso, a pessoa é incompetente, mas não consegue observar isso. São indivíduos com escassos conhecimentos, que acreditam estar mais do que bem preparados.

# 5. A mentira cruzada

Entre as principais técnicas de investigação criminal está a acareação entre os envolvidos, processo estabelecido nos Códigos Civil e Penal que demanda normas jurídicas específicas para ser realizado. Tem como objetivo apurar se uma das testemunhas ou réus está falando a verdade. O procedimento estabelece que duas pessoas fiquem frente a frente e o encarregado do acareamento conduza as ações. Cabe ao juiz decidir se a acareação é necessária ou não, mesmo que as partes insistam. Nem sempre é feita em casos de discórdia, podendo ser realizada com qualquer tipo de testemunha, inclusive as que aparentemente estão dizendo a mesma coisa.

O conflito ocorre quando as partes estão em discórdia parcial ou completa. A mentira cruzada é aquela em que fulano diz A e beltrano diz B a respeito do mesmo fato. As versões são contraditórias. Nesse caso, ambos podem estar mentindo.

Embora seja fácil concluir que a mentira existe, é difícil determinar quem está mentindo, em especial quando não se sabe como os fatos aconteceram de verdade. Em certos casos, o policial ou o juiz tem informações privilegiadas ou conhece a verdade – ou partes dela – para definir quem está mentindo.

Citei a acareação porque é uma forma de observar a ocorrência da mentira cruzada, que se dá mesmo sem a acareação, quando duas pessoas fazem declarações diferentes ou desencontradas acerca do mesmo fato.

A mentira cruzada também ocorre entre pessoas, sejam elas amigas ou inimigas, com ou sem afinidades entre si.

Na imprensa ou na guerra, a mentira cruzada é chamada de "guerra de versões". Infelizmente é uma técnica muito usada por políticos envolvidos nos mais diversos escândalos. Quanto mais versões aparecem, mais difícil fica identificar a verdade. Para intensificar o "combate", dia após dia, assessores e aliados, comandados por políticos, lançam uma nova versão para o fato. O objetivo é confundir a opinião pública.

Quando ocorre entre duas pessoas, a existência da mentira é mais facilmente identificada, pois conseguimos isolar os elementos contraditórios. O mesmo não se pode dizer quando há mais indivíduos envolvidos, que podem reafirmar o mesmo argumento de uma das partes ou acrescentar nova versão.

Por mais paradoxal que pareça, quanto maior a quantidade de versões, mais certeza temos de que a mentira existe. Embora, repito, fique mais complexo identificar qual é de fato o ponto central da questão.

Um bom exemplo de mentiras cruzadas entre várias pessoas é o caso de Roseana Sarney. No início de março de 2002, a Polícia Federal fez uma devassa nas empresas da então governadora do estado do Maranhão. Além de diversos documentos suspeitos, encontrou cerca de 1,3 milhão de reais em dinheiro, guardados em um cofre. O resultado da investigação foi determinante para a candidatura de Roseana Sarney à presidência da República: simplesmente não decolou, embora ela aparecesse em vantagem nas pesquisas.

A partir daí, as versões começaram a aparecer. Na primeira, a governadora afirmava que era normal ter dinheiro vivo no início do mês, com o objetivo de pagar o salário dos funcionários. O argumento seria convincente se não houvesse a necessidade de provar de onde veio o dinheiro. Em geral, a primeira versão é dada no impulso, de imediato, e é aquela em que a mentira se torna mais óbvia, pois se mente sem elaboração para se livrar da possível culpa.

Assim, ao avaliar as mentiras cruzadas, é preciso ter em mente esse preceito. Embora saibam disso, muitos mentirosos acabam caindo na armadilha da justificação simplória e fácil, sem grandes elaborações. Já os mentirosos sagazes procuram fechar todos os pontos possíveis, mesmo na primeira versão, muitas vezes bem preparada.

Nesse caso, deve-se aplicar outra regra importante na descoberta da mentira cruzada: "Quando tudo está certo demais, é porque existe alguma coisa errada". É natural que pequenos pontos de qualquer versão não sejam exatos. Assim, quando a precisão for demasiada e os detalhes se encaixarem de modo mais do que perfeito, pode existir um problema.

Voltando ao exemplo da governadora, ela afirmou logo depois que não conhecia a origem do dinheiro, já que os afazeres políticos a tinham afastado de suas empresas. Até aqui não houve juízo de valores, não se sabe se existe a mentira ou não, tanto na primeira como na segunda versão. Embora a segunda não seja exatamente a mentira cruzada, já se conclui que também pode vir da mesma pessoa.

A essa altura, surge o advogado da família, dr. Vinícius César de Martins, que declara que o dinheiro não era da empresa da governadora, e sim de outra que funcionava no mesmo local, a Pousada dos Lençóis Empreendimentos Turísticos – da qual, por mera coincidência, o marido de Roseane é sócio.

As versões começam a se sobrepor e aparece outra, do sócio da pousada, Luís Carlos Cantanhede Fernandes. Em entrevista à revista *Veja*, ele diz que a maior parte do dinheiro seria usada para comprar madeira para os chalés, de um pessoal do sul do Pará, mas não sabia dizer quanta madeira seria comprada.

Mais tarde, os advogados apareceram com novas versões. Com tantas diferentes justificativas, temos a mentira cruzada. O certo é que uma ou mais pessoas estão mentindo. Sabe-se que a mentira existe, mas fica cada vez mais difícil estabelecer a verdade.

São comuns os casos em que todos os envolvidos mentem. Até se identifica qual é a mentira, mas nem sempre quem é o responsável por ela, pois o mentiroso agrega algumas verdades ao relato para que seus pontos de vista sejam mais aceitos. Se mentisse de forma total, seria logo descoberto.

Como vimos até aqui, as mentiras cruzadas entre várias pessoas podem ser ou não identificadas com facilidade, devendo cada caso ser analisado de maneira isolada. Tente separar os argumentos e compará-los tanto de forma individual como coletiva. Você vai se surpreender com a quantidade e a qualidade das informações obtidas.

A mentira cruzada pode sucumbir ante evidências físicas, provas, outros testemunhos etc. Todavia, diante de tantas versões a mentira cruzada pode cair no vácuo da credibilidade, ou seja, qualquer que seja a conclusão, muitas vezes as versões anteriores falarão mais alto. As pessoas tendem a acreditar na que lhes parece mais agradável, tanto no plano moral como no plano ético. A preguiça mental ou comodismo para avaliar corretamente os fatos fala mais alto.

# 6. Os currículos mentem

No ano de 2001, João Ricardo foi aprovado quase que de imediato na entrevista para o cargo de administrador de uma empresa de médio porte, no Rio de Janeiro. Segundo a psicóloga da seleção, ele se saiu bem na dinâmica de grupo, com certo destaque para seu potencial de liderança. Na entrevista individual, mostrou boa capacidade na coordenação de ideias e habilidade para tratar com os diversos assuntos. Estava bastante "antenado" com os fatos do mercado e com informações do noticiário jornalístico. Chegou até mesmo a comentar as notícias de economia do dia anterior.

Descreveu com facilidade suas experiências e principais competências desenvolvidas ao longo de 11 anos de carreira, sete das quais ele tinha adquirido já formado. Pretendia, com a mudança de empresa, iniciar mestrado ou MBA em uma das melhores universidades do Rio de Janeiro. Foi muito preciso e sucinto nos primeiros contatos com a referida instituição, mas também estava bastante preocupado com os valores cobrados. Precisava do novo emprego para custear os estudos. Não teve problemas em abandonar o emprego anterior, gostava de desafios. Era o candidato ideal para a vaga, inclusive porque o currículo era bastante consistente.

Ao realizar um perfil grafológico, foram identificados diversos sinais de mentira na escrita. Além das características grafológicas específicas, havia erros gramaticais graves e até mesmo de concordância. Quase de imediato, a atenção voltou-se para a análise do currículo, em especial as certificações apresentadas. Mesmo em cópias xerográficas eram evidentes as falsificações do diploma de administrador. A consequência lógica é que os demais cursos do pretendente foram colocados sob suspeita.

A responsável pela seleção solicitou os originais para uma verificação mais apurada. Depois de certa resistência inicial do candidato, a empresa recebeu os documentos. As falsificações eram confirmadas praticamente a olho nu.

Ao ser contestado sobre as possíveis falhas nos certificados, Ricardo responsabilizou a faculdade. Segundo ele, já tivera um problema parecido antes e chegou a pedir à instituição que mandasse um novo diploma. Porém, como foi contratado tudo foi resolvido. Prontificou-se a ir até a faculdade, que ficava no interior de Minas Gerais, para buscá-lo na primeira oportunidade.

O fato de ter se saído bem na entrevista e passado por vários empregos com o diploma de administrador não foi suficiente. A simples verificação na secretaria da universidade mostrou que não existia tal qualificação.

O exemplo anterior está longe de ser exceção. Em geral, é a regra em nosso país. Isso no caso de diplomas; quando se fala em certificados de curso, a quantidade de fraudes é bem maior.

No ano de 2008, a Polícia Federal realizou a chamada Operação Coca-Cola, que cumpriu mais de 34 mandatos de prisão em 14 estados brasileiros. O objetivo era prender falsificadores de diplomas. Entre os presos, estavam jovens de 22 anos que cobravam cerca de dois mil reais por diploma.

Recentemente, a mais conceituada instituição de ensino superior brasileira, a Universidade de São Paulo (USP), passou a ter códigos de segurança nos diplomas. Até 2006 eram feitos em papel simples sem qualquer tipo de segurança. Bastava apenas um bom calígrafo para que a falsificação fosse feita.

O mentiroso não se preocupa nem mesmo em colocar o nome da instituição de maneira correta. Na ânsia de prestígio, a fraude é executada de qualquer maneira. Claro que existem executores de qualidade cujas falsificações são difíceis de ser detectadas, até mesmo por peritos. A história inventada para conseguir o diploma normalmente é esquecida e os detalhes são mais do que superficiais.

"O tempo que passei lá não deu nem para aprender francês", admitiu uma professora de escola primária, na cidade de Curitiba (PR), ao ser surpreendida com um falso certificado de doutoramento em Educação pela Universidade de Sorbonne, em Paris.

Na década de 1990, ficou conhecido o caso de advogados brasileiros que montaram cursos de Direito em salas da mesma universidade francesa para ministrar aulas durante as férias. O participante agregava de modo até mesmo ingênuo um curso de Direito na Sorbonne, embora a universidade não tivesse relação alguma com o curso além de alugar as salas para o grupo de advogados.

Isso nos remete ao caso de um famoso palestrante que se apresentava como PhD, com cursos de mestrado e doutorado no exterior. Eram evidentemente falsos, pois o sujeito mal sabia falar inglês. Mesmo depois de descoberto, tentou por diversos meios convencer a todos da veracidade dos certificados da universidade estrangeira.

Até mesmo as pessoas que não falsificam currículos tendem a "enfeitá-los" ou "inflá-los" com dados imprecisos. A maioria dos mentirosos sabe de antemão que a mentira precisa ser controlada para evitar que caia no descrédito. Alguns usam a chamada teoria da polaridade. Em torno de uma mentira, fazem gravitar várias verdades para que sua história fique mais convincente. Ao manter a atenção nas polaridades, pode-se concluir que é verdade aquilo que o mentiroso diz.

Muitos até se especializam nisso e fica difícil de descobrir a fraude, pois, depois de analisar duas ou três informações verdadeiras e consistentes, a tendência é acreditar no ponto central.

No caso relatado no início do capítulo, o foco não foi o diploma, e sim a maneira como o candidato descreveu suas qualificações. A nuvem envolta na mentira central era muito grande, especialmente porque o candidato tinha desenvoltura verbal e alguns dos empregos anteriores eram verdadeiros. Como sabia que seria questionado, havia se preparado com antecedência para se mostrar bem informado.

Segundo a psicanalista Sandra Regina da Luz Inácio, PhD em Administração e Psicologia Clínica, "os exageros aumentam conforme as necessidades de conseguir um emprego".

No exterior, é comum oferecer cursos de doutorado por correspondência. Por cerca de 12 mil dólares, qualquer um se torna doutor com diploma na parede. Ocorre que muitas empresas no Brasil não se dedicam a investigar e aceitam as fraudes como verdade, embora essas pessoas não consigam passar do inglês básico.

Em muitos casos, trata-se de pura sobrevivência. Depois de dois anos desempregado, a mentira é apenas o instrumento da salvação. Assim aconteceu com um rapaz cujo currículo citava como experiência a função de chefe de seção de ferramentaria. Para ele, era a mais pura verdade, pois durante 15 dias, nas férias do chefe e na ausência de outro funcionário que estava doente, ele comandou a seção. Algumas mentiras como essa são pouco elaboradas, e o próprio candidato as desmente sem mais problemas. Outras, não percebidas, levam à contratação de pessoas com escassa capacidade na área em que se dizem especialistas.

É normal que sejamos enganados com certa facilidade, pois o mentiroso é capaz de colocar selos oficiais, ir ao cartório para reconhecer assinaturas e até contar com a colaboração de falsários e pessoas ligadas às universidades. O melhor é prevenir.

Uma forma de evitar o engano é usar a teoria das polaridades. Ao observar atentamente a questão central, é preciso considerar também os valores periféricos agregados pelos mentirosos. Não se pode ter pressa e ansiedade em descobrir a mentira. Melhor é manter a isenção. Quanto mais o mentiroso fala, mais fácil fica desmascará-lo. Mais que as ideias do candidato, o importante é considerar a história de vida. As ideias muitas vezes são boas, mas a história de vida não se coaduna com ela.

## MERECE REDOBRADA ATENÇÃO

As falsificações grosseiras nos diplomas costumam ter falta de numeração, faculdades desconhecidas e sem identificação no MEC. Até o histórico escolar pode estar em desacordo com a data do diploma.

Trabalhos de Conclusão de Curso (TCCs), teses ou dissertações devem ser questionados. Ainda que se possa esquecer o nome do orientador, alguns tendem a "esquecer" a tese com que foram aprovados. É indicado solicitar cópia para dirimir dúvida ou mesmo perguntar sobre a vivência no *campus* universitário. O banco de dados Lattes é uma boa fonte de informação sobre o candidato.

As referências de mercado podem ser confirmadas, já que pessoas com experiência renomada conhecem umas às outras, estiveram em empresas em comum, formaram parcerias etc. Existem pessoas com quem trabalharam e podem dizer algo da vida do candidato. Quando pedir referências, anote todos os dados do ex-empregador e insista no contato. Caso a pessoa esteja viajando ou se recuse a atender, desconfie. Pode ser que não haja boas lembranças do candidato em questão.

## Dados inflacionados

Certa vez escutei uma aluna aconselhando uma amiga sobre a produção do currículo: "Esqueça aquilo que é ruim e só coloque as coisas boas. E, de preferência, torne-as ainda melhores".

As pessoas tendem a "ajustar" os currículos, agregando, omitindo, enfeitando, aprimorando informações. Dessa forma, uma semana no exterior se transforma em "vivência nos Estados Unidos", "temporada para aperfeiçoamento de idiomas na Europa". Algo semelhante às atribuições de chefia do encarregado de ferramentas.

Outro exemplo é o de pessoas que desistem do mestrado no primeiro mês. Mas há quem ostente durante longo tempo no currículo ser "mestrando" há xis anos. Quando questionados, alegam falta de tempo para concluir o curso.

## Proficiência em línguas

Essa competência é a mais fácil de ser avaliada. Basta solicitar ao candidato um texto escrito na língua em que diz ter fluência. Vale também perguntar onde realizou os cursos do idioma.

## BUSCA DE DETALHES

Durante a entrevista, deve-se perguntar de forma clara e precisa aquilo que deseja saber. No primeiro momento, é necessário conhecer a história de vida do candidato, e não suas ideias. Quanto mais detalhes forem solicitados, mais o mentiroso será envolvido pela balela, pois a única maneira de encobrir a mentira anterior é com uma nova. O candidato deve traçar uma linha de tempo de suas vivências e experiências. Quando começou, com quem, onde, como era, o que fazia exatamente. Ao avançar na análise, é normal que existam pequenas discordâncias em relação ao que está escrito no currículo, mas não é aceitável esquecer, por exemplo, o título da tese que defendeu na universidade. Solicitar nomes, locais, referências físicas, professores, instrutores e chefes pode contribuir com a averiguação.

Fica bastante claro que a falsificação dos currículos é uma prática criminosa, embora omissões, floreios e alterações nem sempre o sejam. O certo é que ambas causam grandes prejuízos à empresa e favorecem ao mentiroso. Esse favorecimento se nota tanto na conquista de uma vaga na empresa como na promoção dentro dela.

De acordo com o *Jornal do Administrador Profissional*, em 2001, a seguradora inglesa Control Risks Groups estudou mais de dez mil programas de seleção na Inglaterra. O resultado foi espantoso: 25% dos entrevistados mentiam nos currículos, 35% colocaram mentiras no histórico profissional, 19% tentaram "esconder" falências e problemas de crédito e 32% mentiram, sem pudor, sobre a formação acadêmica. Segundo o estudo, 40% eram candidatos a cargos gerenciais e 20% a cargos de diretores. Os homens foram a maioria, com 60% dos resultados. O setor "campeão da mentira" foi o da informação tecnológica, principalmente entre os candidatos que moraram no exterior e acreditaram que as mentiras passariam despercebidas. Os profissionais mais jovens exageraram no nível de responsabilidade no emprego anterior.

No Brasil, os dados tampouco são confiáveis. Estudos realizados no ano de 2000 apontaram que mais de 30% dos currículos tinham problemas com os diplomas e certificados. Cerca de 60% das pessoas abandonavam o processo seletivo quando os documentos originais eram solicitados, seguidos de desculpas como "Perdi o original", "Tenho somente cópias", "Assim que puder, tiro a segunda via" etc.

De acordo com Robert Feldman, a vantagem do mentiroso reside no fato de que estamos sempre propensos a crer que aquilo que escutamos é verdade. As relações pessoais seriam um caos se a cada frase, palavra ou ato surgisse a desconfiança. Indo mais longe, não haveria civilização.

# 7. As mentiras dos infiéis

Há alguns anos fiz um curso de especialização no Rio de Janeiro. Depois de uma semana exaustiva, no sábado, um amigo me convidou para almoçar em Copacabana, no apartamento de sua cunhada. A esposa chegara de Brasília para fazer uma visita.

Durante a viagem pela avenida Brasil, ele me pediu que contasse como havia sido o capítulo da minissérie da noite anterior. Queria saber os detalhes, repeti várias vezes e quando fiz piada sobre seu repentino interesse por novelas ele me pediu para contar novamente. No primeiro momento, achei estranho. Nunca soube que ele gostasse tanto de novelas.

No almoço com a esposa e a cunhada, ele discutiu atentamente os detalhes da novela, as posturas dos atores e como terminou o capítulo. Indiretamente convenceu a esposa de que estava vendo novela com os amigos na sexta-feira. Embora a cara de sono não denunciasse, a verdade é que tinha saído com a "namorada".

Entre todas as mentiras, as que mais deixam marcas nos relacionamentos são as ligadas à infidelidade. Das várias perguntas feitas acerca do tema, talvez a principal seja: "Quem trai mais, o homem ou a mulher?" Outro questionamento, de cunho mais científico, diz respeito ao fato de a traição ter fatores genéticos ou comportamentais.

No primeiro caso, a resposta mais simples seria "os homens", mas como tudo que envolve o tema infidelidade a simplificação não se aplica, em especial porque as variáveis têm uma dinâmica social muito grande.

Os mais machistas podem dizer que meu amigo, afastado havia tanto tempo da esposa, tinha necessidades físicas intensas para sua posição de macho-alfa. Mas por que o mesmo não ocorria com seus companheiros de turma, muitos há quase seis meses sem contato físico com as esposas? O que leva uma pessoa a elaborar mentiras até certo ponto minuciosas para enganar outra?

Cientistas comprovam que o comportamento sexual é bastante variável nos seres humanos, inclusive nos de mesma cultura. Na realidade é o tema central da teoria da evolução.

Segundo pesquisas do psicólogo David P. Barash, da Universidade de Washington, a única espécie completamente fiel da natureza é o *Diplozoon paradoxum*. Trata-se de uma espécie de parasita de peixes cujos corpos se entrelaçam na adolescência e nunca mais se separam.

Pesquisas também revelam que os cisnes, animais-símbolo da fidelidade, não fazem jus à fama, pois exames de DNA comprovaram a promiscuidade entre os membros da espécie.

De forma menos duradoura, a fidelidade é exceção na natureza e a infidelidade é a regra. A espécie humana não escapa disso. De acordo com um artigo da geneticista Mayana Zatz no site da revista *Veja*, no dia 20 de janeiro de 2011, a revista *PlosOne* publicou um estudo realizado por pesquisadores americanos que associa o comportamento sexual às características genéticas.

De acordo com o estudo, as variações em um gene – o receptor de dopamina D4 – estariam associadas a determinados comportamentos sexuais, como a promiscuidade e a infidelidade. O levantamento foi feito com universitários de 20 anos, em média. As 118 mulheres e os 63 homens receberam vários questionários sobre suas atividades sexuais, afetivas, relacionamento e promiscuidade.

Levantamentos anteriores sugerem que a neurotransmissão (via dopaminérgica) da dopamina no cérebro influencia a libido, o comportamento sexual e o "laço" entre casais. Dois hormônios, a oxitocina e a vasopressina, atuam sobre a função dopaminérgica influenciando o comportamento monogâmico e a união entre casais. Outros estudos sugerem ainda que genes que modulam a neurotransmissão da dopamina – como o gene receptor da dopamina D4 – estariam relacionados a características comportamentais como a busca de sensações novas (*novelty seeking*).

Esse gene apresenta uma região com um número variável (2 a 11) de repetições (em inglês VNTR – *variable number of tandem repeats*). Pessoas com mais repetições (7 ou mais) teriam maior predisposição para buscar novas sensações e emoções. A hipótese dos autores é que essas pessoas também teriam uma tendência maior a ser sexualmente promíscuas e infiéis. Para testar essa hipótese, os pesquisadores analisaram as respostas dos questionários dividindo os jovens em dois grupos: 7+ (aqueles cujo gene teria 7 ou mais repetições) ou 7- (menos de 7 repetições). Entre indivíduos 7+, havia um número significantemente maior do que aqueles que relataram um comportamento promíscuo e infidelidade do que entre os 7-, corroborando a hipótese dos pesquisadores. Outra conclusão interessante discutida pelos autores é que ser 7+ ou 7- poderia ser vantajoso ou não de acordo com o ambiente. Isso porque, por um lado, o genótipo 7+ permitiria maior fecundidade e variabilidade entre os descendentes. Por outro lado, em culturas em que predominam a monogamia e a fidelidade isso seria certamente uma desvantagem, principalmente no caso de mulheres, como acontece hoje no Irã, por exemplo.

É bem verdade que o público-alvo não seria o ideal, pois jovens na idade de 20 estão propensos a mais aventuras que casais de 40 anos. Então, fica muito difícil afirmar que geneticamente somos infiéis, mas existem pistas para tal.

Para o cientista Tim Spector, da Unidade de Pesquisa de Gêmeos do St. Thomas Hospital, na Grã-Bretanha, os genes apenas não determinam categoricamente se um indivíduo será ou não infiel, pois é preciso contar com fatores ambientais. Ele baseou suas pesquisas em gêmeas com histórico de infidelidade e concluiu que a possibilidade de a irmã apresentar o comportamento da outra em relação à infidelidade é de 55%. Segundo ele, o índice de traição das mulheres gira em torno de apenas 23%.

Contudo, para muitos outros pesquisadores fica difícil definir com exatidão o que é herança genética e aprendizado cultural. Estudos ainda revelam que os homens casados ou que cuidam dos filhos apresentam níveis menores de testosterona que os solteiros; ao se divorciarem, esses níveis aumentam consideravelmente.

No Brasil, segundo pesquisa realizada em 2003 pela Universidade de São Paulo (USP) com quatro mil pessoas casadas, em 17 cidades brasileiras, metade dos homens e cerca de 22% das mulheres foram infiéis aos parceiros.

A psiquiatra Carmita Abdo, coordenadora do estudo, nota que o hormônio masculino (andrógeno) é mais potente que o feminino (estrógeno). Cita também que as condições culturais do povo brasileiro dão ao homem maior liberdade para fazer sexo e diversificar suas conquistas.

As mulheres traem por motivos diferentes dos homens. Neles existe a necessidade da satisfação física e, nelas, mais envolvimento e sentimentos. Mas creio que isso está mudando em todo o Brasil, pois nas diversas entrevistas que realizei em todo o país notei algumas mudanças bastante perceptíveis na postura das mulheres. Parece que o sentimento de culpa em relação à família, ao marido e aos pais é bem menor do que anos atrás. Isso não quer dizer que não sintam culpa, mas hoje conseguem atenuar parte de seus efeitos. Algumas relataram que, depois da infidelidade, ficaram mais atentas ao marido e até mesmo mais carinhosas. Outras chegaram a admitir que traíram o parceiro apenas pelo simples desejo sexual, sem nenhum envolvimento sentimental.

A reprovação da infidelidade feminina é muito maior, já que o machismo predomina em nossa sociedade. Mas isso também está mudando. Há alguns anos, uma belíssima modelo e atriz namorava um dos homens mais bonitos do Brasil e, durante o carnaval, foi fotografada com outro homem. A comoção não foi tão grande como se esperava, pois a troca de parceiros sem aviso prévio no *show business* também parece ser regra e não exceção nos dias de hoje.

Os motivos para as mulheres traírem são os mais variados. Talvez a insatisfação com o parceiro seja o ponto central, seja no âmbito sexual, afetivo ou social. Por isso, a mentira nos relacionamentos não pode ser analisada de maneira simples: existem múltiplos motivos para que ela ocorra.

Embora mais complexa para a mulher, a infidelidade é quase sempre encarada pelo homem do ponto de vista físico. No livro *Química do amor e do sexo*, a professora de Química Madalena Pinto constatou que homens com maior tendência ao adultério e menor ao casamento apresentam com certa frequência nível de testosterona médio e alto.

Nessa mesma linha se encaminham as pesquisas da antropóloga Alexandra Alvergne, da Universidade de Montpellier, na França. Segundo ela, não importa quantas esposas tenham tido: os homens com filhos apresentavam nível mais baixo de testosterona do que os solteiros.

Em artigo, a jornalista Ana Paula Martins escreveu que "opinião mais radical tem a psicóloga francesa Maryse Vaillant, que lançou o livro *Les hommes, l'amour, la fidélité* (Os homens, o amor, a fidelidade)". No livro, que causou polêmica entre os franceses, a psicóloga – uma das especialistas mais respeitadas do país – afirma que a maioria dos homens precisa do "seu próprio espaço" e que, para eles, "a infidelidade é quase inevitável", sendo até benéfica para o casamento.

## MOTIVOS DA TRAIÇÃO FEMININA

Joana relatou-me em entrevista que traiu o marido depois que soube que ele teve um caso com a melhor amiga dela. Todavia, explica que esse não foi o motivo principal da traição, e sim o fator que a impulsionou. Casada há mais de dez anos, o marido havia sido o único homem em sua vida. Queria ter novas experiências embora o amasse, mas não tinha coragem. A descoberta de que o marido a tinha traído fez que procurasse outro. Por fim, hoje eles estão juntos e, segundo ela, melhor do que antes.

Esse exemplo ilustra como a mentira sobre a infidelidade feminina é bem mais complexa do que se pode pensar.

A quantidade de hormônios que a mulher possui também seria outro fator importante nos relacionamentos conjugais. Um deles é o estradiol, responsável pela sensação de autoestima e feminilidade da mulher. Estudos da Universidade do Texas em Austin (Estados Unidos) sinalizaram que as mulheres tendem a ser mais insatisfeitas quando a quantidade do estradiol está acima da média. A pesquisa mostrou que universitárias com maior nível desse hormônio tiveram mais paqueras.

A eterna insatisfação e a busca do homem perfeito também fazem que as mulheres traiam ou troquem seus parceiros com mais facilidade.

Embora não exista o "príncipe encantado", elas passam a vida nessa intensa procura. Estudos mostram que as mulheres insatisfeitas no plano emocional e sexual têm mais chance de trair o parceiro.

Em termos chulos, quando o homem diz que a aventura era apenas "um par de bundas", provavelmente está falando a verdade. A mulher dificilmente vai dizer que era "apenas um par de bíceps". Mas isso também está mudando em nosso país. Já entrevistei mulheres que tiveram casos extraconjugais apenas por motivos sexuais e garanto que, pela linguagem corporal, não estavam mentindo.

Matéria da revista *Veja* assinada por Daniela Pinheiro mostra que, de acordo com a antropóloga Helen Fisher, da Universidade Rutgers, de Nova Jersey (Estados Unidos), "a concepção de que só os homens são poligâmicos é o maior mito da sexualidade". Em seu livro *Anatomia do amor*, Helen estudou o comportamento sexual de homens e mulheres em 62 sociedades ao redor do planeta e concluiu que o adultério em todas as partes é tão comum quanto o casamento. É claro que muitas mulheres (e homens também) optam por ser fiéis. Mas isso é uma escolha, ou uma necessidade social, não uma imposição biológica.

Em um programa de televisão sobre o tema infidelidade, fui questionado sobre os sinais corporais das pessoas infiéis. Embora tais sinais existam, os bons mentirosos "se especializam" em se livrar de imediato deles. Os sinais físicos desaparecem mediante algumas precauções. Até mesmo o batom do colarinho praticamente não existe mais, pois os cosméticos atuais ficam nos lábios e não passam para as roupas.

Em minha opinião, um dos sinais mais difíceis de ser ocultados pelos homens é o cheiro. Ao longo da evolução, os terminais nervosos do nariz feminino se especializaram de maneira mais eficaz que o masculino. A sensibilidade do nariz feminino aos odores masculinos é extraordinária. Segundo o zoólogo Desmond Morris, autor do livro *A mulher nua*, pesquisas realizadas na década de 1970 identificaram mais de 200 diferentes compostos químicos que podem ser encontrados no suor, na saliva, nos óleos da pele e nos fluidos genitais. Surpreendentemente, descobriu-se que as mulheres que apreciam relações sexuais frequentes, durante as quais aspiram diversos odores masculinos, têm uma fisiologia mais equilibrada. Apresentam ciclos menstruais mais regulares e menos problemas de fertilidade, tal é o poder do nariz.

As mulheres são capazes de reconhecer os filhos mesmo de olhos fechados; o homem demonstrou apenas metade do acerto nessa experiência. Assim, é fácil concluir que qualquer cheiro diferente atrai a mulher, em especial perfumes femininos. Portanto, é bom que o candidato a infiel evite levar o perfume na pele.

Isso lembra aquele meu amigo infiel. Nos tempos de juventude, ele já tinha o hábito de trair as namoradas. A fim de não deixar rastro, dizia que apenas duas coisas encobriam o perfume de outra mulher: mostarda barata de cachorro-quente e gasolina. Vez por outra, quando dava suas escapadas, voltava com as mãos sujas por mexer no carburador do carro.

Portanto, quanto melhor as mulheres observarem os cheiros masculinos, mais facilmente os mentirosos serão descobertos.

Embora alguns sinais sejam visíveis até para quem está fora do relacionamento, não existe uma fórmula mágica para descobrir as mentiras do parceiro. Às vezes existe a conveniência de não querer ver a mentira. Nesse caso, o caminho do autoengano é mais fácil.

A americana Anne Bercht, que escreveu um livro em que conta sua história de traição, coordenou uma pesquisa com um grupo de pessoas que tinham sido traídas para saber quais foram os sinais de infidelidade no relacionamento.

No estudo, ela identificou os dez principais sinais de infidelidade:

1. O cônjuge torna-se distante, calado ou deprimido. Quase 100% dos entrevistados relataram esse comportamento.
2. O parceiro infiel torna-se furioso, crítico e às vezes até cruel. Cerca de 70% dos pesquisados apontaram esse sinal, muitas vezes associado com o abuso emocional e verbal.
3. O infiel diz que está sendo controlado pelo outro, mas na prática é o contrário.
4. O cônjuge infiel aumenta o número de horas de trabalho, de reuniões fora do expediente, de viagens de negócios. Também tem necessidade de trabalhar em outra cidade por períodos prolongados.

5. O quinto e mais cruel dos sinais de infidelidade (relatado por 50% dos entrevistados) é trair o parceiro enquanto este está doente. O sentimento de traição é muito maior que em outros casos.

6. De repente, o infiel passa a prestar muita atenção na própria aparência, compra roupas novas, perde peso, matricula-se na academia etc.

7. O parceiro infiel tem mais energia e entusiasmo pela vida, faz coisas que nunca tinha feito antes ou sente um súbito interesse por um novo *hobby* ou esporte.

8. O infiel fica na defensiva quando alguém começa a questioná-lo.

9. A maneira como o homem infiel se porta diante de outras mulheres muda. Ele passa a defender o direito de ter amizades femininas.

10. O parceiro infiel tem necessidade obsessiva de privacidade, inclusive até tarde da noite, para trabalhar no computador.

Os sinais descritos são de uma pesquisa específica e voltada para o público americano, embora alguns dos itens se encaixem perfeitamente no perfil do brasileiro. Porém, a dinâmica da infidelidade varia de norte a sul do país.

# 8. As fábricas de receitas (de mentira)

Encontrei no metrô meu velho amigo de infância, o João, voltando do centro da cidade. Tinha ido buscar um atestado médico. Reclamou do preço cobrado por uma simples assinatura. Disse-me que não faria mais esse tipo de favor para o irmão, pois este estava pescando em Mato Grosso e como faltaria dois dias ao trabalho precisava de um atestado. Durante a compra do atestado, lhe ofereceram, entre outros serviços, uma bota ortopédica de gesso para simular torção no pé. A bota era usada e deveria ser devolvida em até 15 dias.

O falso atestado médico para faltar ao trabalho ou tirar alguns dias de "folga" é vendido de forma acintosa na praça da República, centro de São Paulo, ou no largo da Carioca, no Rio de Janeiro. Mais do que exemplo de como é tramada a mentira, a prática configura um crime. Simular doença é um fato comum, não sendo necessário talento artístico para tal.

Vejamos o caso de um sargento enfermeiro que conheci nos meus tempos de Exército. Tipo bonachão e com mais de 28 anos de experiência na área militar, ele tinha uma receita "infalível" para soldados que desejavam ser dispensados dos exercícios e passar alguns dias em casa:

– É muito fácil os soldados enganarem os médicos novatos que chegam ao quartel. Não jantam na quinta-feira, tomam um copo de pinga por volta das 19h, vão dormir de madrugada e bingo. Pela manhã, sem tomar banho, se arrumam e vão à enfermaria. A barba malfeita é apenas auxiliar na aparência. A pinga "bate" no fígado e aparecem as olheiras. A noite maldormida mostra o cansaço. O camarada é dispensado das atividades físicas e do serviço e passa o final de semana em casa.

Outra mentira comum nos quartéis diz respeito a contusões em jogos de futebol na semana em que acontecem marchas ou acampamentos. Quanto maior a distância a percorrer, maior o gráfico dos faltosos e estropiados, como se diz no jargão militar.

## Prejuízo certo

Se por um lado o biólogo Alan Grafen garante que a "mentira social é um sintoma de equilíbrio numa sociedade avançada", por outro é sinal de prejuízos sociais diretos e indiretos.

A perda em dinheiro provocada pelas fraudes é enorme. O candidato a faxineiro de uma empresa no Rio de Janeiro nunca teve qualquer tipo de problema quando trabalhava como funcionário terceirizado. Poucos meses depois de ser efetivado, passou a ter problemas sérios de coluna. O problema realmente existia, mas ele os encobria com remédios. Até passar no exame médico de admissão para copeiro, não falou nada sobre as dores. Depois que conseguiu enganar o médico e ingressar na empresa, a doença apareceu. Ele foi afastado e aposentou-se precocemente.

Em geral, as mentiras contadas pelos pretensos doentes não sugerem uma simples avaliação, pois são as mais infantis possíveis. Espantoso é verificar até que ponto são críveis determinadas histórias inverídicas.

No Rio Grande do Sul, ficou famoso o caso do beneficiário do Instituto Nacional de Seguro Social (INSS) que chegava perto do posto de saúde andando normalmente e então tirava as muletas de um saco e caminhava com dificuldade até os médicos. Flagrado pelas câmeras de televisão, saiu em desabalada carreira pelas ruas. Não existe diferença entre esse indivíduo e aqueles que simulam deficiências físicas nos semáforos de diversas capitais brasileiras. Ambos planejam ganhar dinheiro fácil.

Quando atuei no Exército, pude acompanhar muitas experiências, como a de Florêncio. Depois de faltar por mais de oito dias ao serviço, apareceu no quartel com cara de doente. Tinha em mãos o "alvará de soltura", como era chamado o atestado médico, para justificar a falta. No atestado constava a sigla da Classificação Internacional de Doenças (CID). De imediato desejei saber o que significava a numeração, que Florêncio dizia ser inflamação nas vias orais.

Não achei a CID relacionada à descrição e dediquei alguns dias a localizar. As buscas, talvez por procurar nos locais errados, foram totalmente infrutíferas. No fim de semana, em um barzinho em Curitiba, onde estava também o tenente Joneval, conhecemos duas moças. Quando uma delas disse que era estudante de Medicina, pronunciamos juntos, para espanto das duas, em tom alto: CID!

A jovem tinha a CID no carro e pude constatar que havia dois tipos de mentira nesse caso: a falsa doença e o falso diagnóstico. Quem emitiu o atestado estava certo de que sua "brincadeira" passaria despercebida, mas o resultado da "inflamação uterina" terminou com dez dias de cadeia para o mentiroso.

Uma das grandes causas para a proliferação das mentiras é que a maioria não se preocupa em verificar a autenticidade daquilo que foi dito. Muitos pensam da seguinte maneira: "Se a mentira não fez mal a ninguém, não existe problema. Por que continuar insistindo nisso?"

Embora não haja números para comparar, considero a tentativa de parecer doente uma das mentiras mais comuns do povo brasileiro. Passa a ser crime quando o médico atesta de má-fé a doença. E sempre existe uma zona cinzenta. Em alguns casos, depois do falso diagnóstico, o mentiroso pode fazer novos exames e alegar que está curado do mal de que sofria, tomando ou não remédios.

Os prejuízos vão muito além de alguém ter de substituir o faltoso ou outros ficarem mais horas no trabalho para cumprir as demandas provocadas pela ausência do falso doente. Indiretamente, a indústria de atestados acaba por atingir o Fisco e a conta sobra para o cidadão comum. Embora no Brasil a Receita Federal trate os contribuintes honestos como suspeitos, ela perde tempo fiscalizando recibos médicos falsos ou com valores errados – em especial estes últimos, pois existem médicos, psicólogos e outros que dão recibos verdadeiros acerca de honorários falsos. É quase impossível saber a verdade.

Há médicos que prescrevem receitas sem ver o paciente e cobram por isso. Outros, mesmo sem avaliar se a pessoa possui qualquer tipo de doença, receitam o medicamento que foi solicitado – emagrecedores e ansiolíticos, por exemplo.

Algumas falsificações são demasiadamente grosseiras. O número de autorização da Vigilância Sanitária fica no canto superior esquerdo da receita e tem seis dígitos. Nos documentos fraudados, a quantidade de dígitos varia. A pena de até seis anos de prisão não inibe os falsários. O meio mais simples para evitar esse tipo de mentira é conferir o CRM do médico, a clínica e a data dos exames. O carimbo, embora fácil de falsificar, muitas vezes não existe, mas todos os médicos precisam carimbar suas receitas e escrevê-las de maneira legível.

Essa mentira começa na infância, quando muitos pais que desejam prolongar os feriados com os filhos arrumam atestados médicos e de dentista para as crianças. As dores de dente e de barriga para faltar às aulas também são comuns em adolescentes e mais ainda em adultos. As desculpas para sair mais cedo da aula e do emprego por motivos de saúde são frequentes em todo o Brasil.

Quando a mentira das falsificações exige mais elaboração, pode até se tornar um meio de vida para o mentiroso. Nesses casos, os erros que desmascaram o fraudador são quase sempre banais.

## A FALSA PSICÓLOGA

Bastaria uma simples consulta ao Conselho Federal ou Estadual de Psicologia para descobrir que a "psicóloga" Beatriz Cunha não tinha o diploma necessário para exercer a profissão.

Durante cerca de 12 anos, ela atuou como especialista em tratamento de crianças autistas. Foi descoberta porque um pai exigiu recibos para fazer os abatimentos na declaração de imposto de renda. Diante da negativa, foram parar na delegacia de polícia e a fraude foi descoberta. A clínica da falsa psicóloga foi fechada, mas as surpresas não pararam por aí.

Assim como ela, centenas de outros falsos profissionais emitem pareceres das mais diversas naturezas, em uma atitude irresponsável que causa prejuízos à sociedade. Lamentável é constatar que não só os falsos profissionais mas muitos dos legitimamente formados realizem esse tipo de prática.

# 9. Mentirosos em cadeia nacional

Omar Kayan deu entrevista a Jô Soares dizendo que tinha 107 títulos de doutor, falava mais de 30 idiomas e 70 dialetos. Tudo isso e mais três indicações ao prêmio Nobel. Calculei de imediato: dois anos para cada doutorado demandavam 214 anos de idade. Para minha decepção, ele afirmou ter 99 anos.

Muita gente acreditou piamente e até hoje acha que tal sujeito falava a verdade. Bastaria uma observação superficial para avaliá-lo como mentiroso. Seu nome verdadeiro era Alexandre Selva. Não era doutor e tinha cerca de 62 anos em 2000, ano da entrevista.

Quase sempre me perguntam o que faz alguém mentir em cadeia nacional, a milhões de pessoas. Será que não sabe que a mentira será descoberta mais facilmente? Por que as pessoas acreditam nesses mentirosos de maneira quase cega?

Talvez o último questionamento seja o mais fácil de ser respondido. Nos demais, as causas são complexas e as inúmeras variáveis não permitem que as respostas sejam dadas de modo tão simples.

## VIÉS DA VERDADE

De acordo com Robert Feldman, viés da verdade significa que, em vez de julgar objetivamente a honestidade daqueles com quem interagimos, com base no que fazem e dizem, nossa crença padrão é que eles estão dizendo a verdade. O termo "viés" é usado em estatística para expressar o erro sistemático ou tendenciosidade.

O fato é que esse tipo de viés ocorre especialmente quando estamos diante de alguém próximo. Quanto mais intimidade, maior o viés.

Trata-se de uma espécie de amortecedor social, bastante conveniente nas relações. A vida em sociedade seria dramática se desconfiássemos um do outro em cada contato. Repare que enfatizo o contato e não a conversação, pois ela se tornaria impossível se cada palavra gerasse dúvidas sobre a esposa, o filho, os pais, o chefe e os amigos.

Observe como você se sente quando o caixa do cinema ou da padaria confere se a nota recebida é falsa ou verdadeira. Dificilmente contamos o troco, mas ao fazê-lo deparamos com o semblante irritado da balconista: "Você está desconfiando de mim?"

Para que a confiança seja quebrada, no entanto, é preciso que o outro nos faça algo realmente grave, embora a definição do que é grave varie de pessoa para pessoa.

No livro *Dom Casmurro*, de Machado de Assis, Bentinho rompeu o viés da verdade em relação a Capitu. Em vez de aceitar a fidelidade da esposa, passou a desconfiar dela, deixando a angústia consumir sua vida. Todavia, aqui existe a genialidade do autor, que com seu estilo magistral deixa a dúvida no ar.

Talvez um grande paradoxo desse viés seja característico do povo brasileiro. A grande maioria acredita que os políticos são corruptos e mentirosos. O Congresso Nacional apresenta uma das piores avaliações entre as instituições brasileiras. Contudo, políticos acusados de corrupção que renunciam ao mandato são reeleitos e saudados como exemplos a ser seguidos. A lista é extensa e os casos se repetem ano após ano. O mais incrível é que alguns acabam como presidentes em comissões de justiça e ética quando voltam à Câmara dos Deputados. Tudo isso diante dos olhares do povo brasileiro.

Mesmo taxados de mentirosos, os políticos recebem votos suficientes para representar o povo. Talvez a expressão que melhor demonstra o paradoxo do viés da verdade seja o "rouba mas faz". Não deve ser confundido com viés cognitivo ou inclinação cognitiva – tendência a cometer enganos de julgamento baseados em fatores cognitivos.

No viés da verdade, os valores e julgamentos estão prontos e só mudarão se a pessoa fizer algo muito diferente do que aquilo em que normalmente se acredita.

Os psicólogos dizem que o viés da verdade é baseado na heurística do julgamento, regra mental em que as pessoas avaliam de modo subconsciente e rápido as informações para tirar conclusões sobre determinados fatos. Acredita-se que o ser humano utiliza esses vieses por hábito ou por necessidade evolutiva.

Para exemplificar o viés da verdade existe o exemplo das novelas nas quais pessoas reais dão depoimentos sobre fatos da ficção ou sobre a própria vida. Aceitam como verdade aquilo que dizem e quase nunca contestamos. A proposta é emocionar o telespectador para que ele aceite como natural e espontâneo aquilo que é colocado no ar. Em geral, a própria produção das novelas "ensaia e repete" algumas falas com os depoentes, que pouco gaguejam e quase não erram as palavras, fato que seria natural em um depoimento sem interrupções.

## Em rede nacional

O maior problema é que, quando a mentira é proferida em cadeia nacional, ela toma outra dimensão e o controle fica impossível. A mentira passa a ser verdade.

O sequestro da adolescente Eloá Cristina Pimentel e de sua amiga Nayara Rodrigues pelo namorado ciumento da última, Lindemberg Fernandes Alves, de 22 anos, além de ato insano foi uma história repleta de mentiras. A começar pelo pai de Eloá, que vivia com identidade falsa, já que era um ex-policial procurado por crime de homicídio no estado de Alagoas.

Afora as mentiras contadas pelo criminoso durante as negociações com a polícia e na entrevista a um canal de televisão, a soltura e o posterior retorno de Nayara ao cativeiro, o que chamou a atenção foi o aparecimento, em cadeia nacional, de um especialista em segurança.

Em entrevista à apresentadora Ana Maria Braga, Marcos do Val se diz instrutor da SWAT (unidade de polícia americana altamente especializada) e criticou abertamente a condução das ações. Falando como se mantivesse contato com um oficial da corporação, mostrou as possíveis medidas que poderiam ser tomadas no caso. O fato, porém, é que tal indivíduo nunca participou de uma ação de sequestro para libertar reféns. Num gesto de ética jornalística pelo qual sempre se pautou, a apresentadora pediu desculpas ao público alguns dias depois.

Esse tipo de aparecimento na televisão visa angariar prestígio pessoal e até mesmo dinheiro com a mentira contada, pois o trabalho será procurado por muitas pessoas. A partir de um pequeno "fiapo de verdade" a pessoa constrói uma história que parece verdadeira, mas o fio condutor não consegue ir mais além.

Para desvendar esse tipo de mentiroso, uma das técnicas é avaliar onde começou sua história de vida naquela especialidade. Os verdadeiros especialistas são veteranos. De acordo com Malcolm Gladweell, são necessárias no mínimo dez mil horas de atividade para que a pessoa se especialize naquilo que realiza. Dificilmente alguém se torna especialista sozinho; é preciso que tenha professores com quem fale assiduamente, contatos, livros de referência, instituições nas quais trabalhou. É prudente apurar todas as informações e prestar muita atenção.

De onde essa pessoa surgiu? A pergunta parece simples, mas apenas se a resposta for consistente. O fato de o especialista mostrar sua história é indício de credibilidade.

Ao ser questionado, o mentiroso sempre mostra os sinais de mentira com alguns "indícios de fuga": demora a responder, diz que vai responder depois, minimiza a importância da pergunta, desvia do assunto, retorna ao entrevistado com outros questionamentos e cita dados confusos. Além disso, ao ser pressionado para responder, pode dizer que está ocupado com outras atividades nas quais sua importância e participação são fundamentais para "salvar o planeta".

Evidentemente que um ou outro fato citado pode ser verdade, mas a mentira aparece quando se faz a análise do conjunto.

Na grande crise política do mensalão, o então presidente, em uma fala mais ou menos vaga e com grandes dificuldades, desculpou-se em cadeia nacional com os brasileiros. Desculpou-se não se sabe exatamente do quê já que hoje ele nega tudo e afirma que um dos seus objetivos pessoais é provar que o mensalão nunca existiu.

Nesse cabedal de mentiras estava a entrevista dada por um dos envolvidos, o publicitário Marcos Valério, que declarou – também em cadeia nacional – que seu dinheiro era fruto da venda de gado de suas fazendas. Caso fizesse uma simples conta, chegaria à conclusão de que tinha mais gado no pasto que toda a Índia e mais terra para pastagem que o território da França. O pior é que ele proferiu as palavras com a anuência do entrevistador.

Esse tipo de mentira, ao contrário daquele que deseja ganhar prestígio, visa à "legítima defesa". Por mais elaborada e ensaiada que seja, não difere em nada da mentira proferida pelo ladrão de galinha quando é pego comendo a ave. Falta estrutura na coordenação das ideias, que não correspondem à realidade. Essa mesma história do gado no pasto foi usada por vários políticos para justificar seu patrimônio nababesco.

Não existe viés da verdade que passe pelo filtro da internet. Antes de mentir em cadeia nacional de televisão, é preciso ter em mente que muitas pessoas vão conferir tudo que foi dito. Às vezes, palavra por palavra. Não há mais privacidade e defesa para certos tipos de mentira.

## "Mentira sem noção"

Nada supera as mentiras em cadeia nacional quando se trata do que acontece nas comissões parlamentares de inquérito (CPIs). Classifico algumas das mentiras ali proferidas de "mentiras sem noção": as pessoas perdem o contato com a realidade e quase tudo que dizem é totalmente desacreditado. Contudo, o mentiroso continua sua farsa como se nada estivesse acontecendo ao seu redor. As mentiras são protegidas pelos parceiros de partidos, não raro cúmplices dos crimes dos quais o depoente é acusado.

O primeiro caso ao qual dei o nome de "mentira sem noção" foi o do falecido deputado federal João Alves. Era um dos chamados anões do orçamento, pois com outros deputados recebia propinas para liberar verbas para o orçamento da Câmara dos Deputados.

Depois de receber milhões e já prevendo que seria descoberto, Alves montou uma história totalmente irreal. Na CPI, disse que era pobre quando fazia parte da comissão do orçamento e depois que saiu de lá Deus o ajudou, pois ganhou 211 vezes na loteria. A risada no plenário foi geral. Comprando todas as combinações possíveis dos jogos, Alves gastava mais do que o valor do prêmio a ser sorteado, mas assim podia justificar a origem do dinheiro.

É evidente que a mentira do deputado era dolosa. Para tal, adotou o procedimento que chamo de "posicionamento estratégico preventivo". Antes de mentir, tinha plena certeza de que seu ato era ilícito. Felizmente não deu certo.

Aqui valem parênteses: por mais que as mentiras "sem noção" sejam também ditas por pessoas comuns, o termo fica melhor para qualificar a mentira em cadeia nacional. Dizer uma mentira "sem noção" na entrevista de emprego não chega a ser relevante para os demais, somente para o entrevistador e a empresa.

Outra mentira "sem noção" foi contada em reportagem feita no programa do apresentador Gugu Liberato, fato que marcou sua carreira de modo extraordinário. Até porque, depois dessa mentira, a audiência nunca mais foi a mesma. Dois supostos integrantes de uma facção criminosa foram entrevistados no programa. Com capuzes e óculos de sol, fizeram várias ameaças a diversos apresentadores da televisão brasileira e a políticos. Também assumiram a tentativa de sequestro do padre Marcelo Rossi, ocorrida dias antes.

Algum tempo depois, entrevistado em cadeia nacional por Hebe Camargo, Gugu disse que a entrevista com os bandidos era verdadeira e pediu desculpas por colocá-la no ar.

Porém, mesmo antes dessa retratação, a polícia descobriu que a entrevista era falsa, tendo sido forjada pela equipe de produção do programa. O absurdo chegou a tal ponto que um dos líderes da facção criminosa se manifestou afirmando que não fizeram tais ameaças.

A tentativa de aumentar a audiência acabou em verdadeiro fiasco. Hoje, revendo a gravação, qualquer leigo observa o amadorismo com que foi executada. A imagem do apresentador sofre os efeitos perniciosos daquela mentira até hoje. Gugu perdeu parte do prestígio com o público e especialmente com os meios de comunicação.

Fazendo um cálculo simples, cerca de 60 milhões de pessoas assistem à mentira proferida como verdade num programa noturno que, no outro dia, é desmentida oficialmente. Se apenas 1% das pessoas não assistirem à retificação, o estrago estará feito. São 600 mil pessoas que continuarão tendo a informação como verdade.

Talvez essa conta pareça muito simplória, mas é um exemplo do que ocorre. Meses depois da entrevista de Omar Kayan a Jô Soares, um amigo, bem informado por sinal, me falou, maravilhado, sobre o programa e a capacidade linguística do mentiroso. Ele não havia acompanhado o desmascaramento do sujeito e ficou surpreso ao conhecer a história real.

Assim, além de disseminar a mentira, o aparecimento único em cadeia nacional a transforma em verdade quase definitiva para muitos. Isso se comprova pela quantidade de pessoas que assiste apenas a determinado programa e não acompanha o desenvolvimento das notícias. Obviamente outros fatores devem ser considerados, como a habilidade da pessoa de interpretar as situações descritas, o grau de credibilidade do locutor, as crenças políticas do receptor da mensagem etc.

## ARGUMENTOS FALACIOSOS

Muitas empresas e políticos apelam para vários tipos de falácia quando estão em cadeia nacional. O então senador da República pelo Distrito Federal José Roberto Arruda, acusado – com o senador baiano Antônio Carlos Magalhães – de violar o painel de votação do Senado, fez um discurso dramático em sua defesa no plenário. Apelou para os mais diversos tipos de falácia: dor, sofrimento, entranhas abertas, sangue, família, esposa, filhos etc. Porém, convenceu a poucos e foi obrigado a renunciar antes de ter o mandato cassado. Essa parece ser a norma entre os políticos no Brasil. Uma vez pilhados, aparecem em público com a família, fazem discursos melodramáticos e logo depois recebem apoio de seus pares em fila indiana.

O referido senador utilizou-se da falácia chamada de *argumentum ad misericordiam*, que consiste em pedir solidariedade e compaixão do ouvinte para que a conclusão seja aceita com mais facilidade. O senador tentava passar emoção por meio de gestos, palavras, postura corporal e movimentação dos braços. O rosto, porém, mostrava exatamente o contrário do que dizia e as lágrimas que tentava deixar cair eram falsas. Faltava lógica no discurso.

Anos depois, como governador do Distrito Federal, foi flagrado recebendo dinheiro de propina. Mais uma vez a desculpa foi infantil: Arruda disse que o montante seria usado para comprar panetones para a Páscoa dos pobres de Brasília. Acabou na prisão (por pouco tempo).

Os argumentos falaciosos têm grande validade emotiva, íntima, mas carecem de lógica. Os mais comuns são os ligados à emoção, quando, por exemplo, o acusado de matar os pais pede clemência por ser órfão.

Outra falácia bastante comum é o apelo à autoridade. É certo que nem todo apelo é mentira, mas muitas empresas utilizam recursos como campanhas com atores famosos para falar bem de determinado remédio. Não se trata de usar a imagem para realizar comerciais, e sim de ser pago para dar entrevistas falando de modo despretensioso sobre certo produto. Ao que consta, em alguns países essa prática é proibida. No Brasil, os artistas costumam evitar esse tipo de procedimento. Muitos deles até denunciam aquilo que é chamado de "jabá", termo da indústria da música usado para denominar uma espécie de suborno, já que gravadoras pagam a emissoras de rádio ou televisão pela execução de determinada música.

Outra falácia fácil de ser identificada é a da "falsa proclamação de vitória", também conhecida por *fallacia non causae ut causae* (tratar como prova o que não é prova). Um dos meios de utilizá-la é fazer diversas perguntas – não com o objetivo de obter respostas, e sim de proclamar o reconhecimento dos próprios argumentos.

A "falsa proclamação de vitória" é uma mentira clássica muito utilizada em debates políticos no Brasil. E, quando a mentira não cumpre seu objetivo durante os debates, provoca o chamado "complexo de pombo enxadrista", expressão criada na internet por causa das discussões entre os criacionistas e os defensores da teoria da evolução. O pombo resolve jogar xadrez, acaba defecando no tabuleiro e, batendo asas, sai cantando vitória.

Quando o debatedor tem menos capacidade técnica, cultural, científica que o oponente e não tem mais argumentos, passa a ofender o outro.

Já a falácia do "argumento do declive escorregadio" indica que se determinado fato ocorrer outros acontecimentos prejudiciais o seguirão, embora não exista nenhuma evidência de que eles sejam exatamente consequência do primeiro. Trata-se de uma falácia difícil de ser identificada, como afirmar que "a liberação do porte de armas vai causar maior número de assassinatos no Brasil" ou que "a proibição do porte de armas no Brasil vai deixar os cidadãos mais indefesos". Nos dois casos, não existe nenhuma evidência de que tais fatos ocorrerão.

Os mentirosos em cadeia nacional são especialistas nesses argumentos. Não existe um perfil para esse tipo de pessoa, mas a primeira reação é negar a verdade ou a falsidade daquilo que estão lhe imputando. O segundo passo é criar outra história, em geral mentirosa, para encobrir a verdade. Caso esta "pegue", o indivíduo acrescenta outros detalhes e diz que tem provas as mais diversas, as quais porém só serão apresentadas na oportunidade certa.

Outro apelo usado é o de que vão abrir de imediato o sigilo de contas-correntes e telefônicas. Caso isso ocorra, serão as contas telefônicas de menor importância.

Esse esquema de continuação da mentira é muito mais comum do que se pensa. O deputado José Genoíno, quando acusado de fazer parte do esquema que desviava dinheiro para pagar outros deputados, simplesmente negou, em cadeia nacional, que tivesse qualquer ligação com determinado banco. Ao serem apresentados os contratos com sua assinatura, o deputado alegou que não se lembrava de ter assinado contratos de milhões de reais.

Diariamente ocorrem as mais diversas mentiras na televisão; os entrevistados ampliam currículos, demonstram qualidades que não possuem e se passam por especialistas em atividades das quais têm conhecimento básico.

As mentiras passam quase despercebidas, pois contam com o viés da verdade em altas doses. A dona de casa está em frente à televisão para se entreter e não para procurar mentiras. Portanto, não vai acreditar que o rapaz jovem, bonito e bem falante, a milhares de quilômetros de distância e com poucos questionamentos, é especialista naquilo que achar conveniente.

Na maioria das vezes, essas pessoas atuam por conta própria. Em outras, o repórter, devido à premência de ter alguma autoridade para colaborar com a matéria, coloca a pessoa no ar. Não chega a ser a falácia da autoridade, mas com o especialista falando sobre o assunto certamente a matéria terá mais credibilidade.

## EDIÇÃO FRANKENSTEIN

Entre as mentiras em cadeia nacional destacam-se os debates políticos entre candidatos aos mais diversos cargos, especialmente os de prefeito, governador e presidente da República. Neles se observa a "mentira projetada", ou seja, dizem que farão no futuro coisas que são impossíveis de realizar. Talvez, nesses casos, o povo não esteja envolvido no "viés da verdade", e sim no puro e simples comodismo de não cobrar as promessas depois. Após as eleições, os políticos usam a "mentira retrógrada": "Não foi exatamente isso que eu disse".

Um dos debates mais famosos entre políticos na televisão aconteceu três dias antes do segundo turno das eleições presidenciais de 1989 entre os candidatos Luiz Inácio Lula da Silva e Fernando Collor de Melo.

Na noite seguinte ao debate, a Rede Globo mostrou no *Jornal Nacional* um resumo com cerca de seis minutos do enfrentamento. Na verdade, foi algo parecido com o que Robert Feldman chama de "edição Frankenstein", quando se refere aos compactos dos *reality shows*. Segundo afirmou Octavio Tostes, editor de texto do *Jornal Nacional*, Ronald de Carvalho, editor de política da Central Globo de Jornalismo, entrou na ilha e disse textualmente o seguinte: "É para fazer uma edição com o melhor do Collor e o pior do Lula".

O jornalista Armando Nogueira, por sua vez, declarou que a edição foi ao ar sem sua autorização e chamou-a de "burra". Gabriel Priolli, jornalista e diretor de televisão, diz que Lula perdeu por suas fragilidades, mas que em hipótese alguma, em uma sociedade democrática, pode se admitir uma manipulação tão grotesca e tão grosseira como a que foi feita pela Rede Globo.

Até hoje aquele debate suscita apaixonadas discussões. A própria Rede Globo admitiu a falha.

Embora tenha colaborado de certa forma, não se pode afirmar que a "edição Frankenstein" elegeu alguém que se julgava capaz de ser presidente do Brasil. Basta observar o debate sem muita atenção para notar que nenhum dos dois candidatos, pelo menos naquele momento, estava à altura dos desafios que o cargo exigia.

# 10. A mentira como doença

*A mentira é a verdade que esqueceu de acontecer.*

Mario Quintana

O comentário do crítico Alcir Pécora, no posfácio do livro *Assim é se lhe parece)*, de Luigi Pirandello, sobre a frase da senhora Frola no leito de morte é muito pertinente:

– No epílogo, abraçada ao genro e à sua suposta segunda mulher, diz apenas que "eu sou aquela que se crê que eu seja", selando para sempre, segundo Pécora, "o mistério ou o sonho de uma verdade única".

O livro conta a história do senhor Ponza, que se muda com a família para o prédio onde vivem os Agazzi, família da alta burguesia italiana. Ponza é um ciumento patológico que, depois de trancafiar a esposa, Frola, por anos a fio, interna-a em um sanatório, mas começa a enlouquecer com a ausência dela. Crendo que ela havia morrido, casa-se novamente. Logo depois, Frola conta a todos, de maneira lúcida, que é Ponza que está louco. Enquanto isso, o cunhado de Agazzi, Laudisi, insiste em convencer a todos de que a verdade não existe.

O autor cria um mundo em que as confusões se ampliam a cada passagem e o final fica em aberto. A única certeza que se tem ao ler o livro é da insanidade de muitos dos personagens, mas dentro deles existe algo de lúcido e os limites entre a mentira e a verdade nem sempre são o que parecem ser. Talvez o mesmo conceito deva ser aplicado a algumas doenças.

Em primeiro lugar, é preciso considerar a mentira um ato normal na vida das pessoas. O psicólogo Robert Feldman conduziu uma interessante experiência com adolescentes entre 11 e 16 anos, nos Estados

Unidos. Todos experimentaram duas bebidas de gostos diferentes e tinham de afirmar falsamente que gostavam de ambas. Os mais velhos eram capazes de enganar os observadores da experiência. A conclusão foi: quanto maior era a competência social, mais facilidade tinham de enganar os observadores (que eram pais, amigos e professores).

O estudo "Mentira, dominação e sociabilidade: contribuição ao estudo da mentira na vida cotidiana", conduzido na Unicamp por Marcio Alexandre Barbosa Lima em 2003, identifica o uso da mentira como uma estratégia de resistência e, ao mesmo tempo, de adaptação a situações de dominação. A mentira foi entendida como expressão de uma consciência social incapaz de, mediante seu uso, transformar as condições sociais contra as quais os indivíduos que dela se utilizam lutam.

Paul Ekman diz que o mentiroso comum tem a capacidade de decidir se vai mentir e reconhece que isso pode se tornar um hábito. De acordo com ele, o mentiroso patológico, ao contrário, é impelido a mentir, portanto não seria mentiroso. Essa definição é contestada por especialistas em todo mundo.

Pelé era um grande companheiro de infância. O apelido derivava de seu físico, que tinha algo de parecido com o rei do futebol. Ao longo dos anos acabou incorporando essa ideia e, na adolescência, achava que jogava como Pelé. Arranjou uma camisa 10 do time do Santos e não a tirava por nada.

Assumiu tal postura que passou a ser alvo de brincadeiras. Na verdade, era um perna de pau como todos nós, mas quando jogávamos contra times de outros bairros lhe dizíamos que o adversário não queria que ele jogasse, pois certamente desequilibraria o jogo com seus gols. Pelé conversava com os garotos do outro time dizendo que não faria gols e, se os fizesse, não seriam válidos.

Quando ganhou um violão, acabou com a "era Pelé" e se transformou em parceiro musical de Roberto Carlos. Cantava várias músicas e escrevia outras que enviava ao "Robertinho", seu parceiro.

Apesar de várias mães alertarem sobre o "problema", nunca paramos de brincar com ele. A amizade era grande e gostávamos dele. Quem sabe aquelas mentiras eram sua maneira de participar da turma?

Não se pode classificar Pelé como portador de algum tipo de distúrbio. E, por incrível que pareça, nunca o chamamos de mentiroso.

## DIFICULDADE DE DIAGNÓSTICO

É extremamente difícil conceituar a mentira como doença. Embora os especialistas utilizem-nos, os termos "mitomania" e "mentira patológica" não estão presentes na CID-10 (10.ª Revisão da Classificação Internacional de Doenças da Organização Mundial da Saúde) nem no DSM-IV (4.ª edição do Manual Diagnóstico e Estatístico de Transtornos Mentais da Associação Psiquiátrica Americana), principais manuais de diagnóstico. De acordo com a psicóloga Andrea Bandeira, isso dificulta os estudos epidemiológicos. Muitos indivíduos mentem porque são portadores de transtornos de personalidade. É importante descrever alguns deles de maneira sucinta.

Os mentirosos naturais são chamados assim porque desde a infância enganam pais, irmãos, professores, amigos e pessoas que não conhecem. Ao longo do tempo desenvolvem a habilidade de enganar e não sentem culpa ou arrependimento; ao contrário, sentem grande prazer em mentir.

Os mentirosos antissociais não demonstram vergonha, empatia, remorso ou sentimentos de culpa por suas vítimas. Segundo pesquisadores, são os mais difíceis de ser pegos na mentira, têm certo charme e em geral conseguem ocultar suas deficiências dos demais. Muitas vezes são desmascarados nas atitudes mais simples, como o caso do mentiroso que se fazia passar por membro da família Rockefeller, pego ao avaliar um simples vinho.

A primeira tendência patológica e mais ou menos voluntária e consciente da mentira é a mitomania, ou seja, a mania de mentir. Não é caso da criança que tem amigos imaginários, situação normal até certo ponto. Torna-se patologia quando passa os limites do lúdico e ocorre de forma continuada ao longo dos anos, demandando inclusive, em certos casos, tratamento com psicofármacos.

Não se sabe ao certo quais são os verdadeiros motivos pelos quais a mitomania se manifesta. Muitos especialistas acreditam que, na maioria das vezes, ocorre pelo intenso desejo de aceitação. O mitômano acredita nas histórias que conta e tem enorme dificuldade de dizer a verdade.

Nem sempre é um mentiroso compulsivo; suas mentiras são específicas e visam mudar a realidade que ele não considera conveniente.

A mitomania foi assim conceituada em 1905 pelo médico e psiquiatra francês Ernest Dupré: "tendência patológica à fabulação consciente".

Segundo o professor Philippe Jeammet (Institut Mutualiste Montsouris, em Paris): "De um lado, o mitômano sempre sabe no fundo que o que ele diz não é totalmente verdadeiro. Mas ele também sabe que isso deve ser verdadeiro para que lhe garanta um equilíbrio interior suficiente. Em determinado momento, o sujeito prefere acreditar em sua realidade mais que na realidade objetiva exterior. Ele tem necessidade de contar essa história para se sentir tranquilizado e de acordo consigo mesmo".

As histórias imaginárias do mitômano são, às vezes, pobres de conteúdo e inverossímeis; outras vezes, pitorescas, bem concatenadas, pelo que induzem à convicção.

A mitomania não é tão inofensiva quanto parece. Não raro existem pessoas que se casam com mitômanos e depois descobrem que o mundo criado antes do casamento não existia, inclusive em relação aos bens materiais, à família, aos amigos etc. Ao longo da história, muitos são os exemplos de mitômanos que causaram prejuízos à sociedade.

Christophe Rocancourt ostentava riqueza por onde passava. Usava ternos e relógios caros de grifes famosas. Com ótima aparência, sempre impressionou a todos que o cercavam. Apresentava-se como Christopher Rockefeller para se fazer passar por membro da poderosa família de magnatas americanos. Em seu seletivo rol de amigos pessoais figuravam nomes como o ex-presidente americano Bill Clinton e o sultão de Brunei.

Com habilidade e graças aos bons contatos, Rocancourt deu dezenas de golpes em pessoas famosas. Desmascarado e preso, pagou fiança e sumiu até ser preso novamente no Canadá. Conforme especialistas, unia os traços de mitomania com os de delinquência (comportamentos que nem sempre andam juntos, segundo o psicólogo clínico Helmut Brinkmann). Pela ousadia, os crimes e as mentiras de Rocancourt fazem o caso do "filho do dono da Gol" (que veremos no próximo capítulo) parecer coisa de criança.

Talvez a mitomania (não confirmada por exames clínicos) resulte do fato de Rocancourt ter tido uma infância difícil e ter sentido necessidade de criar outra realidade, pois internamente não se sentia bem e queria aprovação dos demais. Algo que de fato, por algum tempo, conseguiu.

Os principais sintomas da mitomania são: insegurança, já que a própria realidade é sustentada de forma forjada; dificuldade de tomar decisões e acreditar nelas; falta de autoconfiança; falta de credibilidade; tendência à confusão mental.

A síndrome de Münchhausen é outro distúrbio relacionado à mentira. A pessoa simula ou até apresenta sintomas de outras doenças para chamar a atenção, conseguir tratamento e conquistar a simpatia dos demais. Vale ressaltar que não se trata de hipocondria. O hipocondríaco acredita que está realmente doente, enquanto o portador de síndrome de Münchhausen sabe que exagera quando afirma estar doente.

De acordo com artigo do médico Wagner F. Gattaz e colaboradores publicado na Revista da Associação Médica Brasileira, foi em 1951 que o endocrinologista e hematologista britânico Richard Asher cunhou o termo "síndrome de Münchhausen" para descrever indivíduos que intencionalmente produziam e apresentavam sintomas físicos para receber tratamento hospitalar frequente.

O nome da doença tem origem em Karl Friedrich Hieronymus Freiherr von Münchhausen (1720-1797), autor de histórias fantásticas.

Uma forma rara e de difícil diagnóstico dessa doença é chamada de "síndrome de Münchhausen por procuração". Ocorre quando a mãe, por exemplo, leva a criança ao médico e relata sintomas de determinada doença, mas os exames não acusam nada. A mãe ainda pode atuar de modo físico, ou seja, injetando substâncias na criança para que esta apresente os sintomas que ela descreve.

Os dois casos a seguir ilustram a diferença entre fingimento e síndrome de Münchhausen.

O soldado Reis ficou na cama por mais de cinco meses, em alguns momentos fazendo as necessidades físicas no próprio leito. Alegava que tinha batido a cabeça e estava com lapsos de memória. Algum tempo depois, a memória se foi por completo. Não se lembrava de mais nada, ficava horas na cama e não se levantava.

Internado na ala psiquiátrica, manifestou um sintoma denominado "peregrinação hospitalar", no qual o paciente fica andando pelo hospital sem rumo, como louco.

Depois de algumas pesquisas, resolvi utilizar a velha fórmula dos detetives, *follow the money* (siga o dinheiro). Descobri que, antes de "ficar doente", Reis passou a senha do cartão para a mãe para que ela sacasse seus vencimentos. Tratava-se de fingimento e não de doença propriamente dita. Ele acabou não resistindo e confessou a farsa: tinha feito tudo aquilo para se aposentar precocemente.

Esse é um caso típico de fingimento. A pessoa simula a doença para obter ganhos financeiros, dispensas médicas do trabalho ou indenizações.

Um dos casos mais famosos da síndrome de Münchhausen foi o de William McIlhoy, que acabou sendo citado no Livro *Guinness dos Recordes*. Ele passou por mais de 400 operações em 100 hospitais antes de morrer em um asilo na Inglaterra.

O tratamento psiquiátrico é difícil porque o portador da síndrome não está disposto a admitir a doença. Quase sempre o problema é psicológico e não físico. Como alguns pacientes podem ferir a si mesmos e a outros, os psicofármacos são indicados.

## A MENTIRA COMPULSIVA

A mentira compulsiva é outro distúrbio estudado por psicólogos e psiquiatras. Assim como qualquer outro tipo de comportamento compulsivo, sejam relação a drogas, bebidas ou sexo, a mentira se torna um vício difícil de ser controlado.

A pseudolalia é a mentira compulsiva resultante do vício de mentir por longos períodos. A pessoa mente sem que exista razão para tal e qualquer que seja a situação se torna motivo para as mais diversas mentiras. A mentira vira rotina e não exceção, tornando-se um hábito de vida. Ao mentir, o paciente se sente bem, satisfeito consigo mesmo. Ao contrário, falar a verdade se torna um enorme fardo.

A doença é resultado de traumas de infância e de alto nível de insegurança emocional. A complexidade é ainda maior quando se leva em conta que a mentira faz parte do quadro de outras doenças, como transtorno de personalidade *borderline* ou narcisista.

A diferença entre o mitomaníaco e o mentiroso compulsivo está no fato de que o primeiro mente apenas em fatos específicos, enquanto o segundo não tem controle sobre as mentiras que diz. Segundo a psiquiatra Ana Gabriela Hounie, do Instituto de Psiquiatria da Universidade de São Paulo (USP) e membro da Associação Brasileira de Psiquiatria (ABP), o mentiroso compulsivo começa com histórias simples e vai aumentando o tom até crer nas próprias falácias.

Estudos realizados na Universidade da Califórnia mostraram que o cérebro dos mentirosos compulsivos é diferente do das pessoas normais. A pesquisa revela que os pacientes tinham 26% de massa branca a mais no cérebro que a população em geral. A massa branca age na transmissão de informações, enquanto a massa cinzenta as processa. Para os autores do estudo, a maior quantidade de massa branca no córtex pré--frontal é a responsável por estimular a mentira.

Porém, existem também outros motivos. As crianças oriundas de uma educação por demais rígida, castradora, com pais autoritários, apresentam maior probabilidade de desenvolver a doença. As pessoas inseguras, carentes, com baixa autoestima e sentimentos de inferioridade também fazem parte desse grupo.

Outro distúrbio relacionado à mentira é a síndrome de falsas memórias, em que o doente acredita que determinados fatos aconteceram em sua vida, muito embora eles sejam apenas fruto de sua fantasia. Normalmente são atos grandiosos, únicos; é assim que o paciente se distingue dos demais.

As doenças ligadas à mentira nem sempre são fáceis de ser detectadas. Somente médicos e psicólogos estão aptos a reconhecer os sintomas. Ainda assim, vários especialistas relatam dificuldade para realizar um diagnóstico preciso. Muitas vezes o mentiroso comum é confundido com o patológico.

# 11. Os sentimentos relacionados à mentira

O ato de mentir sempre causa diferentes reações emocionais nos seres humanos. Embora boa parte das pessoas tenha dificuldade de expressar ou de ocultar sentimentos e emoções, as mentiras acarretam diversos tipos de emoções nos mentirosos, por mais que eles tentem ocultá-las.

Não somos capazes de escolher o melhor momento para sentir ou expressar as emoções. Quando elas surgem, fica mais difícil para a maioria das pessoas dissimulá-las ou encobri-las. São raros os mentirosos que não demonstram emoções. Um dos sinais de que a pessoa está escondendo algo ou tentando disfarçar uma emoção é o sorriso falso. Bastante comum, é facilmente identificado: trata-se do popular "sorriso amarelo". Este nem sempre é negativo, configurando-se também, por vezes, como o único meio de estabelecer relações amigáveis.

Outra tentativa de não mostrar aquilo que se está sentindo é colocar o queixo um pouco para cima, respirar fundo e tentar fazer que os músculos da face fiquem impassíveis. A pessoa tenta ser superior ao que se passa ao seu redor. Assim, são vários os sinais corporais utilizados para tentar esconder as emoções.

Deve-se levar em conta que existem mentiras dolosas (termo de Robert Feldman) e mentiras comuns. As primeiras são mais difíceis de ser identificadas; as comuns nem sempre têm intenção de prejudicar alguém.

No dia 21 de janeiro de 1986, Vilma Martins da Costa entrou na maternidade do hospital Santa Lúcia, em Brasília, e sequestrou o recém-nascido Pedro Rosalino Braule Pinto, o Pedrinho.

O caso começou a ser desvendado quando Gabriela Azeredo Borges, então com 19 anos, neta do pai adotivo de Pedrinho, entrou em contato com o SOS Criança depois da morte do avô. Ela disse que viu semelhanças entre Pedrinho e uma foto de Jayro, o pai biológico dele, divulgada em um site de crianças desaparecidas.

Descoberta, Vilma negou o ato e disse que o menino foi entregue por um gari a Osvaldo Borges, com quem na época ela se relacionava. Mas a história não era bem assim. Segundo várias testemunhas, Vilma simulou a gravidez e Osvaldo morreu acreditando que o menino era seu filho legítimo.

Exames de DNA comprovaram que a verdadeira mãe de Pedrinho era Maria Auxiliadora Braule Pinto. Mesmo diante de tantas evidências, a negação de Vilma continuou enfática.

Quando Maria Auxiliadora e Vilma se encontraram pela primeira vez, diante das câmeras de televisão, foi muito fácil observar a tentativa da sequestradora de ocultar emoções. Primeiro procurou manter a face neutra, de superioridade e sem emoções, mas o que apareceu foi raiva e medo. No rosto da verdadeira mãe havia tristeza, angústia e desconforto.

As emoções de medo e raiva são as mais comuns quando estamos perante algo que vai contra nossa vontade. No caso, é certo que Vilma nunca desejou passar por aquela situação diante das câmeras. Seria muito difícil ocultar as verdadeiras emoções. Caso não tivesse culpa e também fosse vítima, as emoções mostradas certamente seriam outras, diferentes das que ela expressou.

Quanto mais forte é a emoção, mais difícil é o autocontrole, já que o corpo demonstra a luta interior. Se por um lado para a maioria das pessoas é muito difícil ocultar emoções, bem mais complexo é tentar encobrir determinada emoção com outra. O conflito exacerba a postura corporal e o movimento facial. Há músculos na face dos quais temos pouco ou nenhum controle. No sorriso verdadeiro não conseguimos conter os músculos *orbicularis orbi* e aparecem as rugas nos cantos dos olhos, os chamados "pés de galinha". No sorriso falso, os músculos laterais da face, os zigomáticos, são acionados pela vontade, mas nos olhos não aparecem as rugas de expressão.

Na pessoa que chora de verdade, as lágrimas descem ao lado do nariz e existe a tentativa ou a necessidade de enxugá-las e fungar para sugar a coriza. A cabeça normalmente se abaixa, porque o momento é de tristeza. Quando o choro é falso, praticamente não há lágrimas, mas a pessoa cria a falsa impressão de estar fungando e eleva o queixo para sugar pelo nariz as lágrimas que não existem.

Outra emoção difícil de fingir é o medo. Ao expressá-lo naturalmente, as sobrancelhas se levantam e se unem, mas, segundo Ekman, é impossível que a boca estreite os lábios ao mesmo tempo.

Invariavelmente, a necessidade de mentir está relacionada com determinada emoção. O garoto de 17 anos que diz ter 19 quando deseja entrar em uma casa de *shows* não precisa, necessariamente, mostrar ou ocultar qualquer tipo de emoção.

Observei, nas declarações de Vilma Martins, inúmeros sinais que delatavam as mentiras. Mas o que mais me impressionou foi a frieza em determinados momentos. Ao longo da vida, ela aperfeiçoou de maneira intensa a capacidade de mentir. Tentou fazer o mesmo quando se viu diante de várias denúncias, mas não conseguiu enganar mais ninguém sobre os sequestros. Condenada a sete anos de prisão, quando recebeu a sentença de liberdade condicional, saiu da prisão rindo, quase em tom de deboche. Ou seja, até os mentirosos contumazes são capazes de experimentar e demonstrar emoções.

Na verdade, pesquisas conduzidas por DePaulo e colaboradores mostram que a maioria dos mentirosos não sente qualquer tipo de medo ou culpa pelas lorotas que contam diariamente. As emoções são sentidas em situações de risco, quando a pessoa pode ser pega mentindo. A circunstância e a capacidade do mentiroso de lidar com a situação definirão o grau de culpa. Mentirosos contumazes e manipuladores em geral não têm qualquer tipo de sentimento em relação às mentiras. Ao contrário, mães que contam pequenas mentiras aos filhos tendem a sentir mais culpa do que aquelas que não o fazem.

Após faltar no quartel durante os cinco dias de carnaval, o cabo Januário se apresentou dizendo ter ficado de cama em Volta Redonda (RJ), sua cidade natal. Tentou mostrar que ainda estava gripado, mas a coriza e o fungar eram falsos. Disse que tomou mais de oito injeções nos dias em que esteve afastado e "perdeu o carnaval" com a namorada. Quando requisitado a mostrar as marcas das picadas no corpo, o rosto mostrou evidentes sinais de medo, pois existe o risco de punições graves para quem mente no meio militar. Pronto, a mentira estava detectada. Quase de imediato confessou ter viajado com amigos. As emoções e as expressões do cabo Januário, assim como as de Vilma ao tentar mostrar uma face neutra, são comuns quando a mentira é descoberta.

Os três sentimentos ligados à mentira são a culpa, o medo de ser descoberto e o prazer de mentir. Podem ocorrer de maneira independente, mas também em conjunto e de forma aleatória.

## CULPA

O sentimento de culpa é um dos mais relevantes entre os três. É o sofrimento por um ato ou comportamento realizado mas reprovado pela própria pessoa, não estando ligado apenas à mentira. A mãe que depois do trabalho não deixa o filho comer apenas a sobremesa, insistindo que ele coma direito, pode se sentir culpada por isso – assim como sente culpa por trabalhar e ficar o dia todo fora de casa. Embora o motivo seja justo, ela não consegue evitar o sentimento.

Há muitas definições para o sentimento de culpa. Em geral ele aparece quando violamos nossa consciência moral pessoal, ou seja, quando erramos.

No texto *O mal-estar na civilização*, Sigmund Freud coloca a culpa como ponto central da sua exposição sobre o tema. Mas o sentimento de culpa varia para cada pessoa e tem componentes culturais específicos. Conheci alguns soldados da Polícia Militar que tinham sentimentos de culpa quanto à criação dos filhos, mas nenhum sentimento – e até mesmo orgulho – quando se tratava de matar bandidos.

As fontes da culpa são as mais variadas, como morte, repressão, regras, dependência, crítica, raiva, julgamento, rejeição e até prazer, preconceito, sucesso, dinheiro e, claro, a mentira. Em geral a culpa leva à autopunição.

Nem sempre é fácil identificar, mas existem diversas características ligadas às pessoas que demonstram sentimento de culpa: raiva reprimida, preocupação demasiada com a opinião de amigos ou estranhos, dificuldade de expressar sentimentos, ausência de amor-próprio (que faz que a pessoa se sinta vítima), rejeição em alto grau, falta de assertividade (dizer "não" sem ferir os próprios sentimentos), autopunição, autoestima baixa etc.

Após dez anos de casamento, Cecília teve um caso extraconjugal. Disse ter procurado apenas prazer e gostar do marido, até então o único homem em toda sua vida. Posteriormente, reconheceu raiva e frustração por ter enganado o cônjuge. Com o tempo, achou que não tinha feito nada demais. Mas, durante a fase em que se autopuniu, contou que fazia tudo que o marido pedia, diminuiu as brigas com ele e sempre se sentia muito mal por tê-lo traído.

Algumas pessoas não têm o menor sentimento de culpa por aquilo que fazem, embora saibam estar agindo errado. É o que ocorre com os psicopatas. A ausência de culpa ou vergonha por aquilo que fizeram ou pelas mentiras que contaram é total nesses casos.

Vilma por certo não sentiu vergonha, outro sentimento bastante vinculado à culpa. Em nenhuma das vezes em que apareceu em público ela demonstrou esse sentimento.

Paul Ekman pontua a diferença qualitativa entre sentimento de culpa e vergonha. Na culpa, a pessoa é o próprio juiz, não precisa existir nada mais, não se faz necessário que o outro saiba da mentira.

É o caso de Cecília, de quem o marido nunca desconfiou. Ela afirmou que, caso ele descobrisse, se sentiria humilhada, especialmente se ele contasse aos parentes. Nesse caso, apareceria a vergonha. Ambos os sentimentos – culpa e vergonha – podem surgir ao mesmo tempo e com intensidades diferentes.

No livro *Crime e castigo*, de Fiodor Dostoievski, Raskólnikov demonstra um enorme sentimento de culpa. Após um julgamento interno pelo crime que cometeu, ele acaba confessando para acabar com a angústia.

No caso do cabo Januário, a confissão funciona como um ato de coragem, "Errei e assumo meus erros". A vergonha de ter sido pego contando uma mentira é diminuída, assim como a punição. Diante das normas militares rígidas é mais fácil dizer a verdade do que continuar.

Embora não tenha dados concretos, notei o interessante fato de que muitas personalidades públicas no Brasil, quando presas por corrupção, expressam no rosto tensão e medo. A vergonha é pouco comum. Foram raríssimos os momentos em que observei sentimentos de culpa ou vergonha nas declarações dos envolvidos na CPI que investigava a corrupção nos Correios, por exemplo.

O então senador José Roberto Arruda, acusado de fraudar o painel de votação do Senado, quando realizou sua defesa na tribuna daquela casa, refutou as acusações de maneira veemente e mostrou falsa indignação por estar sendo acusado, mas não apresentou sinais faciais de vergonha e sentimento de culpa. Dias depois, no mesmo local, acabou reconhecendo os erros e renunciou ao mandato de senador. O empresário Marcos Valério, durante depoimento em Comissão Parlamentar Mista de Inquérito, também não demonstrou tais sinais, nem mesmo quando pediu desculpas.

Qual seria o motivo desse tipo de comportamento? Mesmo diante da complexidade do assunto, essa resposta é uma das mais simples. Paul Ekman é enfático ao afirmar que jamais existe muita culpa quando o mentiroso não compartilha dos mesmos valores sociais que suas vítimas. Embutidas no valor transcendente de sua causa, apegadas aos dogmas políticos ou religiosos, muitas pessoas consideram que podem mentir por algo maior, já que a mentira serve para que o resultado final seja a redenção de todos.

Neste, como em outros casos, quando os mentirosos são desvendados, as respostas não fogem do padrão do ladrão de galinhas ou do menino que é pego comendo a merenda da mochila do colega.

No caso de organizações criminosas que agem em presídios, é quase óbvio que a maioria dos delinquentes não sente qualquer tipo de vergonha ou culpa por enganar as pessoas. Porém, não podemos esquecer que não são apenas os criminosos que mentem, mas também diplomatas, militares, empregados, advogados, jornalistas etc. O chanceler que emite declarações mentirosas a respeito da atuação de seu país em situações críticas pode sentir-se orgulhoso da defesa que fez da pátria. Porta-vozes de autoridades que passam à imprensa notícias mentirosas e se sentem constrangidos são comuns somente em filmes ou novelas. A tendência é que a pessoa não se sinta culpada se a mentira for moralmente justificada ou visar a uma causa maior.

Com base nisso, muitos integrantes de partidos políticos mentem sobre roubos, falsificações e corrupção em prol de seus parceiros. Mas a mentira é apenas a justificativa para crimes comuns. Para esse tipo de pessoa, é mais do que legítimo mentir em nome da causa. Indo mais além, ela é capaz de sentir-se menos culpada ao entender que suas mentiras terão consequências mais positivas do que negativas para o partido e a nação.

Acompanhei o relato de um psiquiatra que, em um inquérito policial, se defendia das acusações de ministrar placebo aos pacientes. Dizia que eles se sentiam melhor com o placebo. Talvez isso fosse verdade, mas o médico cobrava preços de medicamentos importados inexistentes. Segundo ele, não mentia ao agir assim, pois se cobrasse mais barato os pacientes não acreditariam na eficácia dos remédios.

Quanto menos inteligente, maior a dificuldade de mentir. Todavia, quanto mais inteligente, maior a possibilidade de elaborar mentiras e também de sustentá-las com raciocínio lógico.

Basta ver a concatenação de argumentos do ex-presidente Lula. Os improvisos de Lula são chamados de "quase-lógica", termo criado por Luciana Fernandes Veiga, cientista política e pesquisadora do Instituto Universitário de Pesquisas do Rio de Janeiro (Iuperj). Para Luciana, não adianta cobrar dele precisão de raciocínio nem coerência dos argumentos.

Caso a confiança entre o farsante e sua vítima seja grande, o sentimento de culpa tende a aparecer mais forte quando a mentira atinge o destinatário com intensidade maior que a almejada pelo mentiroso. No caso de Cecília, a esposa infiel, a mentira dirigida ao marido causou sentimento de culpa algum tempo – e, segundo ela, seria muito maior se ele e os filhos soubessem de tal fato. A vergonha ficaria completa quando todos os parentes ficassem a par da traição, o que nunca aconteceu. Isso ocorre porque na vergonha existem respeito e até mesmo hierarquia.

Exemplificando melhor, o sentimento de vergonha do empregado que mente ao chefe e é descoberto pode ser maior do que quando mente a um primo distante. A proximidade e a relação de hierarquia são fatores importantes, mas isso nem sempre constitui uma regra.

## MEDO

Mauricio Xandró, grande mestre em grafologia que me introduziu aos estudos da mentira, certa vez me contou que há anos sua esposa contratou uma empregada e somente depois lhe pediu que escrevesse um bilhete. Viu então diversos sinais de mentira em sua escrita, que poderiam indicar que ela fosse uma ladra. Como a ajudante já tinha começado a trabalhar e era boa cozinheira, a esposa de Xandró decidiu não demiti-la. O resultado é que teve uma boa empregada por vários anos até que ela pediu demissão para morar no interior da Espanha com os pais. De maneira delicada, Xandró contou à empregada que sua escrita tinha os referidos sinais, mas que ela havia se mostrado de absoluta confiança. Ouvindo isso, a senhora disse: "Professor, muitas vezes tive vontade de levar alguma coisa, mas o medo de ser pega e a vergonha foram maiores e me impediram".

O medo foi um dos sentimentos que observei de imediato na sequestradora de Pedrinho: havia nela o temor de ser presa, fato que acabou acontecendo tempos depois.

Geralmente, o mentiroso faz cálculos totalmente imprecisos sobre a relação entre mentir, a possibilidade de ser detectado e os ganhos que terá com a mentira. Não existe nada de exato, mas, pelo viés da verdade, como já vimos, a tendência é que as demais pessoas acreditem nele. A cada mentira bem-sucedida o cálculo fica mais impreciso, porém mais favorável ao mentiroso. No entanto, em algum momento ele não conseguirá traçar com "precisão" a proporção entre a mentira e o medo de ser pego. Não é possível definir um ponto de inflexão exato de quando ocorre a perda total de contato com a realidade e o medo de ser pego desaparece por completo. O mentiroso passa a ter plena confiança em suas ações, pois acha que sua credibilidade é perfeita. Assim, deixa de se policiar e comete pequenos erros que são cruciais para sua descoberta.

Foi o que aconteceu com a falsa psicóloga que cuidava de crianças autistas ao mentir ao delegado de polícia que era pai de uma paciente. Quanto maior o temor, maior o cuidado com a mentira, já que existe a premente necessidade de não deixar "pontas soltas" em suas declarações. Ela também calculou a capacidade dos destinatários de acreditar nas mentiras.

Quando ficam sabendo que estudo o tema mentira e a linguagem corporal, muitos dizem: "Ai, que medo. Não posso mentir para você". Esse é o tipo de constatação errada, pois assim como outras pessoas terei dificuldade de descobrir as mentiras. Contudo, o cálculo para descobri--las deve levar em conta a minha capacidade de pegar mentirosos.

"Olhe bem nos meus olhos. Posso ver se você está mentindo ou não. Você sabe que sou capaz de fazer isso muito bem." A afirmação é pronunciada por inúmeros pais e mães para os filhos, mas se trata de uma tentativa de intimidar a criança/o adolescente para que não minta. Funciona nos minutos iniciais e tem pouca valia em médio e longo prazo, pois a experiência mostra que os filhos continuam mentindo.

O medo, obviamente, nem sempre é perceptível – e, mesmo quando do existe, os motivos que o desencadeiam são os mais diversos. O jovem que demonstra medo quando questionado pelo professor pode não saber a resposta ao que está sendo perguntado, ter medo de dizer aquilo que sente e desejar ficar calado. O medo se refere a outros motivos e não ao de ser apanhado na mentira.

Quanto maior a possibilidade de repressão (de ser preso, por exemplo), maior a necessidade de não ser pego na mentira.

Na história de Chapeuzinho Vermelho, ao contrário, como não existe o medo de ser pego, as mentiras proferidas pelo lobo terminam em verdade.

– Vovó, a senhora está tão diferente! Por que esses olhos tão grandes?

– É pra te olhar melhor, querida netinha.

– Por que esse nariz tão grande?

– É pra te cheirar melhor, querida netinha.

– Mas, vovó, por que essa boca tão grande?

– Quer mesmo saber? É pra te comer!

Quanto mais autoconfiante for o mentiroso, mas fácil será cometer erros primários em suas colocações. Por isso, alguns especialistas em mentiras dizem que o medo de ser apanhado na mentira faz os mentirosos redobrarem o cuidado. Porém, eles nem sempre fazem esse tipo de avaliação. Além disso, como eu já disse, é mais fácil pegar o mentiroso quando ele conta a mentira pela primeira vez.

## PRAZER

De acordo com Paul Ekman, em muitos indivíduos "a mentira pode ser vista como uma realização, o que faz a pessoa sentir-se bem com ela".

Talvez um dos casos mais famosos do Brasil seja o de Marcelo Nascimento da Rocha, que tinha mais de 12 identidades falsas. Entre um dos seus atos mais arrojados está o fato de ter sido ouvido pelos deputados estaduais do Paraná para revelar supostas pistas de pouso clandestinas usadas pela rota do tráfico de drogas.

Contudo, nada superou sua turnê no carnaval baiano, quando se apresentou como o "filho do dono da Gol" (empresa aérea), codinome pelo qual é reconhecido até os dias de hoje. Namorou atrizes famosas e foi assediado por várias mulheres ao mesmo tempo. Tudo isso passou por verdade, embora as roupas, o chinelo de dedo usado, o celular antigo e a máquina fotográfica de terceira categoria denunciassem que algo estava errado. Porém, Marcelo foi dado como excêntrico e não como mentiroso. Acabou no camarote da empresa de cujo dono dizia ser filho e foi entrevistado pelo experiente apresentador Amaury Jr. Durante a conversa, falou dos planos de expansão e explicitou por que a empresa não tinha dívidas. Segundo o apresentador, "o rapaz era uma uva. Falava com muita determinação, como se fosse mesmo o dono daquele império".

Marcelo foi capturado no Rio de Janeiro, após várias mentiras e utilização do cartão de crédito de maneira fraudulenta. Sua história inspirou até mesmo um filme.

Para essas pessoas, a mentira funciona como os desafios para desportistas radicais. Nem sempre o dinheiro é o alvo, e sim a satisfação de vencer – no caso, de enganar. Ao dar a entrevista, Marcelo, que antes tinha sido ignorado pelo apresentador, queria apenas enganar Amaury Jr. e sua equipe. Depois de abordado, não foi capaz de perceber a exposição a que estaria sujeito quando a reportagem fosse ao ar. Não pensou que seria capturado com mais facilidade. Naquele momento, a necessidade de plateia para os seus feitos era maior do que a possibilidade de ser preso.

É assim que muitos investigadores policiais conseguem confissões dos mentirosos. Não com base em evidências, mas sim negando todas elas, apenas mostrando a incompetência dos suspeitos. No ímpeto de demonstrar que são espertos e podem enganar qualquer um, estes confessam suas mentiras tranquilamente.

Anos depois do episódio do camarote, ao ver Marcelo, em entrevista à Rede Record na qual se gabou de todos os feitos e se disse arrependido, pude observar com mais certeza que aquilo lhe dava extremo prazer.

De acordo com os estudos de Robert Feldman, existe uma conexão visível entre a habilidade de mentir e a maior aptidão social, pelo menos entre os adultos. É o que se percebe nas declarações de Amaury Jr. e de outras vítimas de Marcelo. Todos o achavam extremamente agradável e sedutor, muito embora algo não se encaixasse na sua maneira de agir.

Até a jornalista Mariana Caltabiano, que escreveu o livro *VIPs – Histórias reais de um mentiroso*, sobre a vida de Marcelo, acabou caindo em seus golpes, mesmo ele estando preso. Uma regra básica parece ser difícil de ser quebrada: não existe relacionamento imune à mentira.

Muitas vezes o lucro com a mentira é apenas secundário. O prazer de demonstrar suas habilidades em enganar é que sobressai quando esse tipo de mentiroso tece suas teias. Não se trata de um psicopata e sim de alguém que sente emoções que considera positivas quando consegue enganar os outros. Diversas mentiras de Marcelo tinham como objetivo o lucro financeiro, mas, no caso específico da entrevista, revelou-se a necessidade do lucro psicológico. Às vezes, os dois estão interligados, mas em geral permanecem nitidamente separados.

De uma forma ou de outra, esse tipo de mentiroso precisa que seus feitos sejam reconhecidos, portanto é normal que conte suas façanhas aos amigos mais próximos, a estranhos e até mesmo à polícia, quando capturado. Não há limites para mostrar superioridade e capacidade de enganar os outros. Para ele, sua arte e seu potencial não devem ficar escondidos: o mundo precisa conhecê-los. A motivação do mentiroso não é o ganho em si, mas a maneira como vai mentir para ganhar.

O prazer de mentir aumenta de acordo com a grandiosidade do desafio. Quanto mais o outro se diz imune às mentiras, mais o mentiroso ficará tentado a mostrar suas habilidades. Segundo Robert Feldman, a mentira em si traz uma forma especial de lucro, a descarga da adrenalina, o sentimento de superioridade, a sensação de realização.

O caso de Marcelo chega a ser excepcional por sua intensidade, mas não pela quantidade de ocorrências em nosso cotidiano. Quantas vezes temos o prazer de contar uma mentira a alguém e logo depois desfazê-la, sem maiores consequências?

Após dois meses de férias, os aspirantes se apresentaram aos quartéis para iniciar a vida militar propriamente dita. Em Curitiba, os aspirantes Alexandre e Ênio chegaram dois dias antes da data oficial da apresentação. A primeira frase que escutei de Alexandre foi:

— Não adianta nem querer passar trote em mim. Já sei de todos os trotes que os aspirantes tomam quando chegam ao quartel.

Foi a senha para disparar meu prazer de mentiroso.

— Que é isso, Alexandre? Conhecemos você desde os tempos de Academia, sabemos que é difícil enganar você. Até o comandante sabe disso e vai dizer alguma coisa quando vocês se apresentarem amanhã.

— Amanhã, não é depois de amanhã?

— De jeito nenhum, o documento que recebemos diz que é amanhã. Basta contar 60 dias da formatura e o período de férias acaba amanhã (contando nos dedos e de maneira marota, incluí o dia da formatura).

No dia seguinte, os aspirantes se apresentaram no quartel e o comandante, que não sabia de nada, os elogiou e agradeceu por se apresentarem um dia antes.

As expressões de engano e de raiva se misturaram no aspirante Ênio. Por sua vez, elas faziam contraponto com os sorrisos dos demais. Esse tipo de sorriso é chamado de *duper's delight*, termo criado por Paul Ekman para designar o sorriso em que o canto da boca sobe de maneira quase imperceptível e os lábios se comprimem um pouco.

Nesse caso do quartel, vemos que o prazer da mentira é maior quando o destinatário tem fama de ser difícil de ser enganado, quando a mentira se constitui um desafio e outras pessoas a observam e valorizam a habilidade com que é levada adiante.

A maioria das pessoas considera não ser enganada facilmente e ter ótima capacidade de mentir sem ser descoberta. São dois ledos enganos. Além de não termos grande habilidade para mentir, todos nós somos enganados.

# 12. O admirável mundo novo das velhas mentiras

Existe a crença de que a maioria dos órgãos de comunicação no Brasil é muito ética e eficiente. Em parte, pode ser verdade. No entanto, acreditar que a mídia não comete erros ou simplesmente não mente é difícil. A manchete "Nasceu o diabo em São Paulo" por si só chama a atenção. O delicioso livro *Nada mais que a verdade*, de Campos Jr. e colaboradores, mostra a maneira como foi conduzida a notícia, no ano de 1975, pelo jornal *Notícias Populares*. A reportagem relatava o nascimento de uma criança, no ABC paulista, com prolongamento no cóccix e duas saliências na testa, problema facilmente corrigido no próprio hospital.

O repórter Marco Antônio Montadon, escreveu: "Durante um parto incrivelmente fantástico e cheio de mistérios, correria e pânico por parte de enfermeiros e médicos, uma senhora deu à luz num hospital de São Bernardo do Campo uma estranha criatura, com aparência sobrenatural, que tem todas as características do Diabo, em carne e osso. O bebezinho, que já nasceu falando e ameaçou sua mãe de morte, tem o corpo totalmente cheio de pelos, dois chifres na cabeça e um rabo de aproximadamente cinco centímetros, além de um olhar feroz, que causa medo e arrepios".

O caso ganhou repercussão sem precedentes. No interior de São Paulo, as pessoas se benziam antes de se inteirar das notícias na banca de jornal. Algumas ilustrações na capa, nos dias seguintes ao fato, provocaram mais alvoroço. Vista de longe, a história contada no livro com grande precisão jornalística não deixa de ser um prato cheio para os leitores.

Avaliada de outro ponto de vista, trata-se de mentira descarada, aliás, várias mentiras descaradas. Basta observar as manchetes nos dias seguintes para avaliar a dimensão (apanhado realizado pelo site UOL): 11/5 – "Nasceu o diabo em São Paulo"; 12/5 – "Bebê-Diabo desaparece"; 13/5 – "Feiticeiro irá ao ABC expulsar o Bebê-Diabo"; 14/5 – "Bebê-Diabo do ABC pesa 5 quilos"; 15/5 – "Bebê-Diabo inferniza o padre do ABC"; 16/5 – "Nós vimos o Bebê-Diabo"; 17/5 – "Povo vai ver o Bebê-Diabo"; 18/5 – "Procissão expulsará Bebê-Diabo"; 19/5 – "Viu Bebê-Diabo e ficou louca"; 20/5 – "Santo previu o Bebê-Diabo"; 21/5 – "Bebê-Diabo nos telhados das casas do ABC"; 22/5 – "Médico afirma: o Bebê-Diabo nasceu no ABC"; 23/5 – "Diabo explode mundo em 1981"; 24/5 – "Bebê-Diabo parou táxi na avenida"; 25/5 – "Fazendeiro é o pai do Bebê-Diabo"; 26/5 – "Bebê-Diabo viaja para ver o pai"; 27/5 – "Bebê-Diabo aparece no lugar do eclipse"; 28/5 – "Mais 7 viram o Bebê-Diabo"; 29/5 – "Bispo morre de medo"; 30/5 – "Bebê-Diabo arrasa com ritual umbandista"; 31/5 – "Fanáticos ameaçam Bebê--Diabo no ABC"; 1/6 – "Sequestrado Bebê-Diabo"; 2/6 – "Bebê--Diabo à morte"; 3/6 – "Bebê-Diabo foge para o Nordeste"; 4/6 – "Padre de Marília: 'Eu acredito no Bebê-Diabo do ABC'"; 5/6 – "Zé do Caixão vai caçar Bebê-Diabo no Nordeste"; 8/6 – "Povo vê novo Bebê-Diabo do ABC".

Não se sabe o destino da criança hoje, mas muita gente ainda acredita no fato. Minha avó morreu quase 20 anos depois, mas toda vez que fazíamos chacota da história ela resmungava: "Não se brinca com essas coisas".

Em todos os países são descobertos casos de jornalistas que mentem de forma escancarada em suas notícias: alteram datas, fazem entrevistas fictícias, inventam pessoas etc. Não se enquadram nesse caso as notícias dadas por imprecisão, como a quantidade de feridos em certos acidentes, cujos números são diferentes para cada telejornal. Também não são consideradas mentiras quando o jornalista acredita em suas fontes e nem sempre consegue determinar se são confiáveis pela premência do todo. São imprecisões corrigidas ao longo do noticiário.

São inúmeros os exemplos, no Brasil e no mundo, de jornais sensacionalistas que trabalham com a mentira. Na década de 1970, apesar da fama que tinha, o *Notícias Populares* era um dos mais vendidos no estado de São Paulo. Com o passar do tempo e o surgimento de outros meios de informação, a credibilidade e talvez a pouca necessidade de tais notícias fizeram que o jornal saísse de circulação. O fato é lamentado até hoje por muitas pessoas que conheço.

Quando atuava no *The New York Times*, o jornalista Jayson Blair protagonizou o maior escândalo do jornal. Em abril de 2003, os diretores descobriram que muitas das informações eram produto da imaginação de Blair. Ele inventava fatos e os publicava como verdadeiros. Durante quatro anos o jornalista criou histórias e muitas delas não passaram por qualquer tipo de análise, por mais simples que fosse.

Para Joaquim Fidalgo, da Universidade de Minho, em Portugal, entre outras coisas "Blair acaba por ser sinal e sintoma de insuficiências graves de comunicação, organização e gestão no interior da empresa jornalística; de pouca transparência e capacidade de diálogo/interação do jornal com os seus leitores; dos riscos de uma cultura de sucesso rápido e espetacular, que leva à desvalorização de regras e rotinas profissionais elementares".

Entre as mentiras facilmente detectáveis estava um texto escrito supostamente durante uma viagem em que mais de 20 cidades diferentes foram visitadas por Blair. Visitas, contudo, nunca checadas, já que o jornalista não apresentou as passagens, os recibos e as contas de hotéis, pois escrevia em seu apartamento.

As mentiras levaram à demissão de Blair e de dois diretores do jornal, além de abalar a credibilidade da imprensa em geral e da Universidade de Maryland, onde ele iniciou o curso de Jornalismo e não concluiu.

Em seu livro de memórias, Blair diz: "Eu mentia e mentia. Depois mentia um pouco mais. Mentia sobre onde tinha estado, onde tinha encontrado as informações e sobre como tinha escrito cada história".

Não se tem notícia, no Brasil, de escândalo dessa envergadura, mas diariamente dezenas de notícias são fabricadas.

Há muitos anos, o ator Mário Gomes foi vítima de notícias falsas na imprensa que abalaram sua carreira. De galã das principais novelas ele passou a coadjuvante.

O produtor musical Carlos Imperial, que, entre outras coisas, registrou como suas músicas escritas antes de nascer, contou a certos jornais que Mário Gomes estava internado com uma cenoura entalada em suas partes íntimas. Diversos veículos correram para o hospital e quanto mais os médicos desmentiam o fato mais o boato aumentava.

Guardadas as devidas proporções, se repetiu a história do "diabo que nasceu em São Paulo". A televisão entrevistou a suposta enfermeira que recebeu o ator no ambulatório do hospital e pessoas relataram que ele andava com uma cenoura no bolso.

Em que pese todos os desmentidos, inclusive o de Carlos Imperial, Gomes ficou conhecido como "o cara da cenourinha". Essa insidiosa mentira continua a ser verdade para alguns, mesmo 30 anos depois de ser proferida.

O caso da Escola Base, que ficava no bairro da Aclimação, em São Paulo, se tornou emblemático das mentiras que são divulgadas por jornais. Icushiro Shimada e Maria Aparecida Shimada, donos da escola; Saulo da Costa Nunes e Mara Cristina França, pais de alunos; e Maurício e Paula Monteiro de Alvarenga, funcionários, foram acusados de abuso sexual de crianças.

A imprensa começou a cobrir o caso depois que foi chamada pelo delegado Edelcio Lemos − que, antes mesmo de qualquer investigação, na busca de holofotes, chamou jornalistas e relatou o caso. Nos dias em que se seguiram as denúncias, o delegado se tornou celebridade nacional e começou a transmitir informações sem muito fundamento para a imprensa.

Basta observar as entrevistas de Lemos com um pouco de atenção para chegar à conclusão de que eram inconsistentes. Porém, no calor dos fatos, a imprensa repassava as informações como verdadeiras. Apareceram notícias sobre orgias, drogas, Aids, entre outras.

O *Notícias Populares* também noticiou a história e não fez por menos em suas manchetes: "Kombi era motel na escolinha do sexo", "Perua escolar levava crianças para orgia no maternal do sexo", "Americano taradão ataca na Aclimação" etc.

A revista *Veja* chegou a publicar no dia 6 de abril de 1994 matéria intitulada "Uma escola de horrores".

O delegado escondeu por dias o laudo médico realizado nas crianças, inclusive depois da prisão preventiva de Saulo e Mara. Posteriormente, a advogada do casal descobriu por acaso o resultado do laudo. O parecer médico era "inconclusivo", pois a lesão em uma das crianças poderia ser creditada tanto ao coito anal como a problemas intestinais, fato confirmado mais tarde. O delegado foi afastado do caso, mas as famílias já estavam destruídas, assim como a Escola Base, vítima do vandalismo da população.

O novo delegado nomeado para o caso, Gérson de Carvalho, inocentou todos os envolvidos e concluiu: "Se houve crime, este ocorreu em outro lugar e tendo outros personagens".

A *Folha da Manhã* e outros órgãos de imprensa, bem como o governo do estado de São Paulo, foram condenados a pagar indenizações aos envolvidos. Contudo, o caso ainda está tramitando na justiça. A *Folha da Manhã* fez *mea culpa* durante um seminário. Nenhum jornal ou televisão foi punido até os dias atuais.

Esses casos demonstram como a mentira se espalha bem rápido. Quanto maior é o sensacionalismo, mais as pessoas desejam conhecer o assunto, especialmente se estão implicados artistas e personalidades públicas. A verdade é o que menos importa nesse tipo de situação. Parece existir a necessidade de consumir mentiras, muitas vezes sob o manto da verdade.

O cantor Wilson Simonal, talvez o maior *showman* nascido no Brasil, também sofreu com as mentiras. Acusado de ser delator de artistas para o regime militar instaurado em 1964, foi execrado por quase todos os colegas. Durante anos ficou sem trabalho e fora da mídia. Quanto mais tentava provar a verdade, mais era injustiçado. No fim de seus dias e depois de morto, Simonal começou a ganhar o verdadeiro reconhecimento que não teve em vida.

A quantidade de mentiras colocadas diariamente na mídia é maior do que se supõe. Não se deve acreditar de imediato naquilo que o noticiário divulga e uma boa e cuidadosa triagem precisa ser feita. Porém, parece que não estamos propensos para tal. O viés da verdade funciona com mais intensidade quando se veem na televisão jornalistas bonitos e bem-vestidos, transmitindo notícias atrás de cartões-postais de várias cidades brasileiras ou em todo o mundo.

## A PUBLICIDADE

A mentira não fica restrita apenas ao jornalismo: a publicidade está repleta de casos em que a mentira aparece forte. Há alguns anos, em uma propaganda que visava evitar abusos nas próprias peças publicitárias, aparecia a notícia de que para emagrecer dezenas de quilos em uma semana a pessoa não precisava nem parar de comer. Embaixo vinham o alerta para a necessidade de ética nos anúncios e a informação de que o emagrecimento era falso. Ainda assim, centenas de pessoas passaram a procurar a empresa fictícia para comprar o remédio falso. Nem mesmo a explicação de que o anúncio era apenas uma peça de propaganda cessou os efeitos indesejados.

Em 2001, o jornalista Boris Casoy apresentou em seu telejornal a notícia de que o princípio ativo do medicamento Merthiolate não servia para o fim a que se destinava. Segundo a reportagem, os princípios ativos do remédio não eram os propalados. Atualmente a empresa responsável apresenta provas científicas de que seu remédio realmente funciona, embora a fórmula tenha sido alterada. Entre as informações e contrainformações divulgadas pelas empresas, fica difícil para o leigo determinar onde está a verdade.

## A INTERNET

Ana Paula fez um convite inusitado ao namorado: queria criar um segundo perfil seu em certa rede social. Na pele da nova personagem, diria a todos os amigos participantes estar apaixonada por Jorge, o verdadeiro namorado de Ana Paula. A moça teria nome e até foto. Resumindo, disputaria o namorado com ela mesma. Mentiria aos outros com a conivência do namorado. Sentiu-se ofendida quando este se recusou a compactuar da mentira, pois encarava aquilo como um simples meio de se divertir.

O acesso à mídia permitiu conhecer melhor as mentiras e os mentirosos, mas a balança ficou mais favorável a estes: nunca houve tantas oportunidades de contar mentiras. Também aumentou o número de pessoas que acreditam nessas mentiras e as repassam como se fossem verdades absolutas. Cada novo usuário da internet se torna um multiplicador das inverdades.

Vale lembrar um e-mail que circula há anos na rede, sobre uma menina que foi raptada e cujos pais pedem desesperadamente ajuda para encontrá-la. Um amigo comentou que, nessa altura dos acontecimentos, se a menina estiver viva já é avó.

As antigas lendas urbanas agora aparecem com mais intensidade na internet. Embora o público esteja cada vez mais atento, elas continuam a se multiplicar em quantidade inacreditável. Alguns especialistas chegam a prever o colapso da internet devido ao lixo eletrônico. Parte desse "entulho" está ligada à mentira.

A tecnologia amplia a capacidade e a velocidade com que as mentiras circulam pelo mundo, quer em forma de mensagens falsas enviadas por e-mail, quer pelas divulgadas em redes sociais. São correntes religiosas, pedidos de socorro, ofertas mirabolantes ou, muitas vezes, vírus que danificam o computador.

Na verdade, esse processo é uma variação das antigas propagandas veiculadas em revistas nas quais se vendia de tudo, inclusive o perfume que fazia as mulheres se apaixonarem imediatamente. O solo da Terra Santa era vendido em pequenos sacos e, de acordo com os mentirosos, vinha diretamente de Israel, mas sua origem provavelmente era um terreno baldio em qualquer lugar do Brasil. São verdadeiros contos do vigário que serão descritos no capítulo seguinte.

A blogueira sírio-americana Amina Abdallah relatava em seu *blog* – "Garota gay em Damasco" – as perseguições que sofria do governo do presidente Bashar al-Assad por ser lésbica. Em junho de 2011, o estudante americano Tom MacMaster, da Universidade de Edimburgo, na Escócia, assumiu que era o verdadeiro autor do texto. Chegou até mesmo a usar a imagem de uma mulher no site. Esse tipo de mentira cresce vertiginosamente na internet, assim como a velocidade com que as pessoas são desmascaradas. No entanto, isso não inibe novas tentativas de criar perfis falsos.

A possibilidade de que esse tipo de mentira diminua é escassa, especialmente porque as redes sociais estão cada vez mais se integrando e a mentira se espalha com mais facilidade.

Nas redes sociais, as pessoas fazem sua apresentação e normalmente se potencializam diante dos outros. O mentiroso se ajusta e se flexibiliza perante os padrões de beleza do outro. Em outras palavras, se faz mais ou menos bonito para parecer igual. Algumas pesquisas mostram que as pessoas bonitas tendem a ouvir mais mentiras, pois os pretendentes desejam estar no mesmo patamar delas.

Existe outro componente nesse tipo de realidade: as pessoas procuram informações sem triar ou avaliar mais profundamente o conteúdo. Não necessitam de fatos verdadeiros e concretos, se alimentam de fofocas, do imaginário que permeia a internet.

## A TELEVISÃO

Em geral, a mídia cria um tipo de realidade com a qual estamos nos acostumando, mas ainda não sabemos lidar. Tudo ocorre em um curto tempo. Robert Feldman chama de *realidade sintética* a representação melhorada e fabricada dos fatos transmitidos. Os responsáveis por isso dão a tais fatos a aparência de realidade.

Um *reality show* mostrado sem interrupção por 24 horas tem pouco a oferecer ao expectador, por isso é preciso criar situações nas quais apareçam conflitos e os mais diversos tipos de ação. Mesmo assim, se isso ocorresse em tempo integral, os participantes dificilmente chegariam vivos ao fim do programa. A solução, assim, é transmitir os "melhores momentos", transformar 24 horas de monotonia em ações curtas, mas que pareçam intensas e constantes.

Desde que comecei a estudar esse tipo de programa, chamo de "realidade comprimida" os cinco minutos de briga que são exibidos como conflito total, sem tréguas. Essa realidade compacta, ou "resumão", do que ocorreu é vista pela maioria das pessoas.

Mesmo antes de se internar por meses nesses programas, os participantes potencializam as próprias avaliações. Todos se apresentam como sinceros, leais, corretos, líderes, competitivos, decididos, fortes. Nenhum deles quer se mostrar inseguro, ansioso etc. Transitam entre o alto potencial com que se avaliam e a falsa humildade com que tentam se mostrar. Por isso muitos dizem que já é uma verdadeira vitória participar do programa.

Afirmam que não vão mentir, quando de fato boa parte do jogo trabalha com a mentira. Sem se dar conta, mentem antes mesmo de o programa começar. Sua vida anterior em muitos casos beira a apaixonante perfeição, quando não é pautada pela luta homérica pela sobrevivência – da qual são vencedores. Não poderia ser diferente, uma vez que desejam ganhar milhões antes e depois do programa. Como a realidade é sintética – ou, para mim, comprimida –, poucos obtêm o verdadeiro sucesso; desaparecem com o passar do tempo, à medida que o consumo da realidade forjada se dilui. O show continua enquanto existirem patrocinadores e audiência. Quanto aos participantes, ao contrário, haverá muitos candidatos de sobra.

# 13. O conto do vigário

No fim do século passado, na cidade do Rio de Janeiro, uma empresa promoveu a contratação de pessoas para realizar trabalhos em casa. Os folhetos informavam que se tratava de multinacional ligada à área de cosméticos. O parceiro comercial deveria comprar um *kit* com um pó especial, acrescentaria leite para fermentar e, depois de alguns dias e inalando um cheiro horrível, faria bolachinhas e esperaria outro período até que secassem. Elas seriam exportadas para o exterior e serviriam de matéria-prima para produtos de beleza.

Ao retorná-las para a empresa, as bolachas secas teriam valor maior que o dobro do pó especial. A pessoa então podia receber o dinheiro na hora ou adquirir outro *kit*. Foram estabelecidos vários valores, de 100 dólares a 4 mil. Quanto mais a pessoa multiplicava seu patrimônio, mais investia, e novas pessoas entravam no esquema – afinal, era dinheiro certo.

Quando questionei por que tudo era manual, já que existia "tecnologia" para industrializar o processo, recebi todo tipo de resposta: o problema é a patente, a mão de obra, a natureza e por aí vai. Logo depois disso, apareceram tábuas com dezenas de pequenos círculos sendo vendidas para que as bolachas, em vez de ser feitas manualmente, fossem produzidas em escala maior. Os responsáveis pelo negócio não aconselhavam usar secadores de cabelo, pois a razão pela qual a empresa trouxera o processo para o Brasil era o clima favorável à "secagem" natural das bolachas. Novamente ponderei que industrialmente também se podem controlar a temperatura e a umidade de qualquer ambiente. Pouco adiantou para os amigos que estavam "enriquecendo" com o negócio. Entre eles Andreia, que além de pedir empréstimo no banco vendeu o carro para investir no lucrativo negócio.

Apesar das minhas desconfianças, não percebi que estava em curso o golpe financeiro mais usado no mundo: a pirâmide. Esse tipo de fraude foi criado pelo italiano Charles Ponzi e consiste em gerar rendimentos altos aos investidores sem que existam receitas reais para tal. O dinheiro vai entrando e as pessoas que estão no topo da pirâmide ganham, mas quando se percebe a impossibilidade de todos ganharem a pirâmide cai. A base que começou a investir é a que perde, pois ao longo do tempo precisa se ampliar demasiadamente para que todos ganhem.

Falsário e com várias passagens pela polícia, no início do século XX, Ponzi foi preso e condenado nos Estados Unidos. Anos mais tarde, logo depois do fim da Segunda Guerra Mundial, acabou seus dias no Rio de Janeiro, doente e miserável em um abrigo de indigentes.

Esse tipo de golpe ocorre em todo o mundo e, por mais "golpe" que pareça, milhares de pessoas são enganadas. As variações de como ele acontece são pequenas e saltam à vista. O que atrai é o ganho fácil, especialmente para os primeiros participantes.

No livro *Tangled webs: how false statements are undermining America from Martha Stewart to Bernie Madoff*, o jornalista James B. Stewart mostra que nunca os americanos foram tão expostos à mentira – mais do que isso, à mentira impune. Stewart estuda vários casos e explica como os mentirosos, apesar de incompetentes, foram capazes de enganar pessoas consideradas brilhantes, como diretores de filmes, economistas, administradores etc.

Em alguns casos, o golpe transcende fronteiras, como o de Bernard Madoff, considerado até então um dos magos das finanças no mundo. Ele montou o golpe da pirâmide em Nova York e fez vítimas inclusive no Brasil, mas apenas poucas protestaram contra as perdas, especialmente porque não saberiam explicar a origem do dinheiro aplicado. O golpe chegou a US$ 65 bilhões, e Madoff acabou condenado a 150 anos de prisão. Encarcerado, afirmou que suas vítimas sabiam que os investimentos que faziam eram fraude. Mais uma mentira entre tantas. Alguns até poderiam conhecer as fraudes, mas no golpe da pirâmide perde quem entra por último no jogo – geralmente os mais incautos.

Como em outras mentiras, o viés da verdade está presente em larga escala. A pessoa que começa a pirâmide passa respeitabilidade, os anúncios, os folders, a internet e os escritórios luxuosos colaboram para tal. Além disso, os primeiros investidores recebem o dinheiro religiosamente, quase sempre de boa-fé, e dão testemunho às futuras vítimas.

No Brasil, esses golpes recebem o nome de "conto do vigário". Qualquer policial brasileiro pode descrever diversos casos em que prendeu mentirosos do tipo. Trata-se de crime de estelionato, tipificado no Código Penal pelo artigo 171 – obter, para si ou para outrem, vantagem ilícita, em prejuízo alheio, induzindo ou mantendo alguém em erro, mediante artifício, ardil, ou qualquer outro meio fraudulento. A mentira, nesse caso, pode ser considerada um crime, pois é facilmente incluída na definição "qualquer outro meio fraudulento".

No interessante trabalho "Estelionato – Conto do vigário", de João Batista Porto de Oliveira e Walter da Silva Barros, os autores enumeram 28 tipos diferentes de conto do vigário. Entre os destaques estão: o conto do prêmio ou recompensa, do bilhete premiado, paco (estelionato), falso funcionário, emprego, ouro, casa própria, anúncio na televisão ou no jornal etc. Outros autores encontraram até 50 tipos diferentes de "conto do vigário".

Marcos Fontana, vestido de batina, realizava missas e encomendava corpos nos velórios do Cemitério do Araçá, na cidade de São Paulo. Ao ser preso como falso padre, disse que era membro da Igreja Católica Apostólica Reunida do Brasil. Aos policiais, relatou que as missas eram feitas mediante pedidos dos parentes – outra inverdade, pois era ele mesmo quem abordava as pessoas durante os funerais e oferecia seus préstimos, pelos quais evidentemente cobrava. A igreja por ele citada também não existia. Indivíduos que se passam por padres são comuns no Brasil. Nem sempre estão atrás de dinheiro, e sim de prestígio e posição social. No caso descrito, ao que parece, coexistiam os dois interesses.

Na cidade de Guaxupé (MG), em 2009, várias pessoas foram presas quando cobravam dinheiro de vítimas para que pudessem liberar um prêmio milionário da loteria. Em São Paulo, na rodoviária, João conferiu o bilhete lotérico. Como não estava enxergando bem, pediu auxílio a Maria Cecília. A prestimosa senhora notou que o bilhete estava premiado. De imediato outra pessoa chegou ao lado e confirmou a veracidade do bilhete. Com um misto de alegria e tristeza, João disse que sua esposa estava doente (em fase terminal) e ele precisava voltar logo a Minas Gerais. Mostrou a passagem do ônibus, que saía em dez minutos, e disse que dava mais importância à esposa do que ao dinheiro, portanto venderia o bilhete premiado aos dois por um décimo do valor do prêmio. Antes acrescentou que, com a graça de Deus, o objetivo de conseguir os remédios para a esposa fora atingido, ao mesmo tempo que mostrava as caixas dos medicamentos.

O comparsa logo se manifestou, dizendo que se tivesse o dinheiro compraria o bilhete de imediato e sugerindo que Maria Cecília também o fizesse. Depois de alguma hesitação, ela disse que tinha um pouco menos do que o necessário (o que não era verdade) e aceitou o negócio. Depois de comprar o bilhete sorteado, procurou uma agência da Caixa Econômica Federal para receber o prêmio, mas descobriu que o bilhete era falso. Além de tudo, Maria Cecília teve de dar explicações à polícia, pois muitas pessoas falsificam os bilhetes por conta própria e vão diretamente ao caixa tentar receber o prêmio.

Para a maioria dos estudiosos desse tipo de crime, o que explica o fato de tantas pessoas caírem nos golpes é a ganância, a vontade de ganhar dinheiro rápido e fácil. A vítima não é tão inocente assim; basta observar que Maria Cecília tinha mais dinheiro do que os mentirosos pediam mas afirmou ter menos, pois seu lucro seria maior. A situação mostra que existe uma espécie de parceria entre o mentiroso, o comparsa e a "vítima". Quanto maior for a colaboração entre os três, mais fácil será o golpe.

Mas no conto do vigário não apenas a ganância é despertada: muitos golpistas trabalham com os sonhos e anseios das pessoas. A manipulação é tão bem-feita que a vítima não tem recursos para perceber as intenções dos mentirosos.

O sangue-frio desse tipo de golpista chega a impressionar: eles não emitem sinais de ansiedade, tensão ou qualquer outro tipo de característica corporal que indique a mentira. Ao contrário, agem como bons atores. Mais ainda, a capacidade de escaneamento psicológico das necessidades das vítimas é extraordinária. Além disso, se ajustam rapidamente às mais diversas situações.

Todos somos alvos de golpes. Certa vez, na rodoviária da cidade de São Paulo, aproximou-se um senhor de aparência rústica, mas bastante afável. Em seguida, chegou outro homem mais bem-vestido. A conversa entre os dois se deu com espantosa facilidade. O garimpeiro estava voltando para Goiás e o outro ia para o Rio de Janeiro. No diálogo, surgiram a figura da esposa doente e a necessidade de voltar rápido para o interior. O garimpeiro tinha vindo a São Paulo para vender ouro, mas como ainda sobrara um pouco ele venderia ao "amigo" por qualquer dinheiro, pois depois poderia obter mais. Como não tinha dinheiro, o "amigo", demonstrando bastante tristeza e arrependimento, tratou de repassar o fabuloso negócio. Observei as pedras de ouro e aceitei o tal negócio. Disse que pegaria dinheiro no caixa eletrônico, mas ao retornar com a polícia não mais encontrei os dois. O golpe da pirita ou ouro de tolo, muito comum em todo o país, é uma das variações do bilhete premiado.

A diferença principal entre vigaristas e fraudadores é que os primeiros são pessoas envolventes, sedutoras, que demonstram empatia pelas vítimas.

No início dos anos 2000, um casal de políticos foi acusado pelo Ministério Público desse tipo de fraude. Tinham um programa de rádio no qual prometiam sortear diversos prêmios, sendo o principal deles uma casa. O sorteio final foi realizado e determinada pessoa ganhou o imóvel, mas algum tempo depois revelou à imprensa nunca ter recebido a casa ou o dinheiro. Evidentemente, a maioria dos participantes acreditou que o sorteio existiu. Trata-se de outro golpe que tem muitas variações, mas cujo principal mote é não entregar aquilo que foi prometido.

Antigamente se anunciavam nos jornais prêmios como carros, consórcios sorteados, casas etc. Quando a vítima entrava em contato com "a empresa", o endereço era fictício e o telefone havia sido alugado para o golpe. O atendente era sempre prestimoso e tinha o cuidado de gravar um som de fundo, que lembrasse um grande escritório ou uma garagem. Era comum informarem que já existiam pessoas interessadas, mas se fosse feito um depósito o negócio estaria garantido. Depois de realizada a transação, a pessoa nunca mais era atendida.

Natália e o marido resolveram sair em uma segunda lua de mel e compraram um pacote turístico no litoral de São Paulo. Com pagamento feito meses antes, imprimiram o mapa colocado no site da belíssima pousada e partiram para cinco dias de descanso. Depois de rodar mais de oito horas à procura da pousada, descobriram que ela não existia. Os falsários haviam montado um site na internet com fotos de outros hotéis. Como se vê, as variações para a fraude são infinitas e apelam para o desespero e a credulidade das pessoas.

O conto do feitiço é um deles. A mentirosa – porque em geral é a mulher que se passa por vidente – aborda a vítima dizendo que está vendo uma nuvem negra, resultado de um feitiço realizado por pessoas que não gostam dela e querem destruí-la. Caso a pessoa de fato passe por dificuldades naquele momento, o que é bem comum, é natural que se interesse. Para "tirar o feitiço" é necessário um trabalho, pelo qual a vidente cobra. As vítimas pagam em dinheiro, com carros, casas e até joias. Nesse caso, o viés da verdade é potencializado pela situação frágil na qual a vítima se encontra. A tendência da dupla que aborda uma vítima é adotar o ardil e a indução. Em geral, as vítimas são pessoas entre 50 e 80 anos, com predominância de mulheres.

De acordo com Aldert Vrij, professor de Psicologia Aplicada do Departamento Social de Psicologia da Universidade de Portsmouth (Reino Unido), mentir é "um ato egoísta e um lubrificante social".

O conto do vigário se encaixa perfeitamente na primeira descrição, mas seria temerário excluir totalmente a segunda. De acordo com relatos de muitas vítimas, elas até consideravam que seriam enganadas, mas a atenção dada pelo mentiroso, ao contrário de outras pessoas que as ignoravam, fez que continuassem a conversar com os falsários. Na realidade, as vítimas acreditavam estar comprando parte da atenção deles. Um mecanismo errado de interação social.

É certo afirmar que muitos dos contos do vigário, assim como o da pirâmide, ocorrem porque existe a absoluta participação da vítima, que não raro acha que vai enganar os falsários. Às vezes, a indignação das vítimas nas delegacias e suas acusações contra a falta de segurança pública demonstram apenas a raiva de quem tentou ser esperto e acabou como trouxa.

# 14. As mentiras escritas

No auge das investigações da chamada máfia dos fiscais no estado do Rio de Janeiro, o advogado de um dos acusados foi filmado "ensinando" seu cliente a modificar a assinatura. Insistia para que ele fizesse o pingo do i na forma de pequenos círculos. O objetivo era enganar os investigadores caso fosse realizada uma perícia nos documentos apreendidos.

Foi estranho ver um renomado e experiente advogado tentar ludibriar a justiça de maneira tão rústica e elementar – afinal, com aqueles conselhos ele não conseguiria em hipótese alguma seu intento.

As mentiras escritas talvez sejam as mais fáceis de ser detectadas, pois ficam no papel por muito tempo. No mundo, peritos, cientistas, engenheiros, policiais, especialistas em segurança e empresas desenvolvem equipamentos, técnicas e materiais para descobrir os fraudadores.

Considero mentiras escritas as falsificações de assinaturas, documentos, cópias de textos, teses e dissertações compradas etc. Diplomas e receitas falsos também são mentiras escritas.

Na escrita também ocorre o que chamo de pseudoautoengano quando a pessoa tenta falsificar sua própria letra mudando tamanho, inclinação, forma etc. Há até quem troque de mão, escreva com a caneta trançada nos dedos, de ponta-cabeça, com as mãos atrás das costas etc. Todos esses procedimentos são de pouca valia. A maioria das pessoas acredita que pode falsificar uma assinatura e não ser descoberta, mas um bom perito consegue descobrir fraudes com facilidade.

Existem várias formas de falsificar assinaturas, ato que descrevo com mais detalhes no livro *Sua escrita, sua personalidade*.

A falsária Joana fazia compras em lojas de grifes com cheques roubados. Ao passar no caixa, retirava da bolsa uma caneta também de grife famosa e assinava com o nome da vítima. A assinatura impressionava a todos pelo tamanho e pela forma. De comum, apenas o nome da vítima. Fazia a chamada *falsificação sem imitação*, ou seja, não se preocupava em reproduzir, copiar ou imitar a original. A confiança era tanta que foi pega quando assinou o próprio nome num cheque que pertencia a um homem.

Existe também a *falsificação de memória*, quando o mentiroso está familiarizado com a assinatura da vítima e tenta reproduzi-la apenas de memória. Normalmente ele adiciona os traços gráficos – marcas que mais chamam a atenção na assinatura que vai falsificar – especialmente nas letras maiúsculas, traços iniciais e finais etc.

Já na *falsificação por imitação servil* a assinatura é feita mediante cópia, ou seja, com modelo original à vista. O falsificador treina e depois assina.

Uma das fraudes mais fáceis de comprovar é a *falsificação por decalque*, quando se coloca a assinatura original sobre papel e se delineia o traço, de modo que o molde fique impresso embaixo; depois se escreve no papel. Algumas vezes usa-se até mesmo papel-carbono.

A *falsificação livre ou exercitada* é aquela em que existe um treinamento prévio de uma assinatura ou da escrita que se deseja falsificar. É o tipo mais difícil de identificar, portanto o mais perigoso e o que traz mais dores de cabeça à vítima.

A falsificação de Celso na nota da prova de Ciências Sociais foi feita por acréscimo. O zero virou oito colocando-se uma bolinha em cima (poderia também ter se transformado em seis). Como a caneta em geral não é a mesma, fica fácil provar a fraude. Luzes de contraste diferenciam os tipos de tinta utilizados.

A mentira documentada ocorre aos milhões em todo o Brasil, mas não é nosso privilégio. No mundo todo existem casos a ser estudados, inclusive alguns que chegam à escala planetária.

A revista alemã *Stern* publicou, em abril de 1983, os "Diários de Hitler", com 42 páginas de trechos transcritos do suposto diário original e dez cópias das escritas atribuídas a Hitler.

O *Sunday Times* (Londres), a *Newsweek* (Estados Unidos) e a *Paris Match* (França), entre outros veículos, compraram os direitos de publicação. No entanto, vários peritos disseram que a escrita de Hitler não era verdadeira. A mentira foi descoberta quando se provou que o material usado (tinta, papel etc.) era do pós-guerra. O falsário Konrad Kujau, muito conhecido no meio, foi condenado, e o jornalista que publicou os textos foi acusado de ser conivente com a farsa.

No Brasil, um dos casos mais famosos de falsificação de escrita ocorreu no século passado. No dia 9 de outubro de 1921, o jornal *Correio da Manhã* publicou a reprodução de uma carta assinada por Arthur Bernardes, candidato à presidência da República. Além de chamar o marechal Hermes da Fonseca de "sargentão sem compostura", escreveu que o jantar dos oficiais em sua homenagem foi "uma orgia".

A carta era falsa e acabou gerando uma das mais famosas crises entre os militares e a sociedade civil. Nos dias posteriores, a crise escapou do controle. A carta publicada pelo jornal foi uma das cinco ou seis feitas pelo falsário. O Clube Militar contratou o famoso perito e criminalista da polícia francesa Edmond Locard, que atestou a veracidade do documento (mais tarde, esse laudo foi considerado um dos maiores erros de perícia grafotécnica do mundo). Algum tempo depois, Oldemar Lacerda e Jacinto Guimarães confessaram o crime.

O caso Dreyfus é outro relacionado às mentiras escritas e acabou dividindo a opinião pública da França. O capitão de artilharia Alfred Dreyfus foi condenado, em 1894, por entregar documentos secretos franceses ao governo alemão. As supostas cartas escritas por Dreyfus eram falsas, assim como todo o processo em si.

Dreyfus foi condenado à prisão perpétua na Ilha do Diabo, mas devido às evidências de fraude foi realizado um segundo julgamento. A sentença foi mantida e Émile Zola fez seu famoso manifesto *J'accuse,* uma carta aberta ao presidente da República Félix Faure, no dia 13 de janeiro de 1898. Zola escreveu: "Como poderias querer a verdade e a justiça quando enxovalham a tal ponto todas as tuas virtudes lendárias?"

Em 1906, os investigadores descobriram que o major Charles--Ferdinand Walsin Esterhazy fora o verdadeiro autor das cartas. Anteriormente, o especialista em grafologia Jules Crépieux-Jamin atestara a falsidade das cartas, mesmo contra o parecer de outros peritos. Dreyfus foi reabilitado, mas sua carreira no Exército francês acabou.

Essas falsificações famosas servem apenas para ilustrar a gigantesca indústria de falsificações de assinaturas, cartas e documentos em curso diariamente em todo o mundo. No Brasil, milhões de casos aguardam perícias nos tribunais, pois não existem profissionais suficientes para o gigantesco número de falsificações.

Caso você tenha um cheque ou assinatura falsificada, o melhor caminho é a polícia e os peritos grafotécnicos.

## OS PERITOS

Cesário escreveu na carta de justificativa ao Departamento de Trânsito (Detran) que estava levando a esposa em trabalho de parto para a maternidade, por isso "furou" dois sinais vermelhos e trafegou em alta velocidade em vários pontos da cidade. Acreditou que seria atendido em suas alegações escritas, embora no caminho das multas não houvesse nenhuma maternidade, mas sim o aeroporto. Tentou outros recursos, mas acabou perdendo, inclusive porque a esposa, com 65 anos, dificilmente seria mãe de novo.

Essa é uma das justificativas mais "equilibradas" que diariamente os órgãos de trânsito recebem em todo o Brasil. São milhares de absurdos escritos que não têm a mínima conexão com a realidade. Os agentes de trânsito sabem, quase que de antemão, as invenções mais comuns feitas pelos brasileiros multados. Muitos observam que, de acordo com a avenida ou a região da cidade, a justificativa será praticamente a mesma. A maioria delas é rejeitada, pois as mentiras são de tal ordem que não é preciso ser especialista para observar a total impossibilidade do ocorrido.

Celina encontrou uma carta do pai dizendo que ela deveria repartir o sítio da família também com suas cunhadas. A moça estranhou o documento: a letra era do pai doente, mas o vocabulário não. A carta achada depois da morte manifestava o último desejo do idoso, mas apesar disso Celina pediu uma perícia. Descobriu que nem a letra era do pai. Uma das cunhadas falsificara a carta com grande habilidade na escrita, mas não nas palavras.

Os grafólogos se dizem capazes de observar se alguém é ou não mentiroso por meio de diversos sinais na escrita. Tal técnica necessita de mais comprovação científica, mas os sinais descritos por grafólogos de hoje e de ontem aparecem com grande intensidade na escrita de pessoas suspeitas de fraude e de mentiras dos mais diversos tipos. A frequência desses sinais também é maior em profissões que lidam com a mentira, como advogados, policiais etc. Pessoas ligadas ao ramo financeiro também costumam ter esses traços. Os grafólogos explicam que não existe nenhuma acusação ou preconceito contra qualquer profissão, mas essas atividades surgem com mais frequência nos casos de mentira.

Muitas vezes a pessoa pensa em uma coisa e escreve outra totalmente diferente. O grafólogo alemão naturalizado argentino Curt Honroth chama esse fenômeno de *lapus calami*, ou seja, os traços na escrita se expressam de forma inconsciente. Teria correspondência com o ato falho freudiano. Ao longo do meu trabalho, registrei mais de 500 exemplos de atos falhos.

Os grafólogos não utilizam a técnica de "análise do discurso". Eles avaliam o traço da letra em si para atestar a falta de sinceridade. Deixam claro, entretanto, que a ausência de sinais não quer dizer que a pessoa não possa mentir. Existe algo de dúbio nisso, mas se observarmos com mais rigor é possível que a afirmação esteja correta. De qualquer forma, não se podem descartar pesquisas estatísticas para comprovação.

Os primeiros estudos sobre mentira na escrita foram realizados na França pelo abade Jean Hippolyte Michon. Posteriormente, outros autores, como Crépieux-Jamin, trataram do tema com propriedade. Desde as primeiras pesquisas, o assunto se tornou quase obrigatório em todos os livros de grafologia.

Segundo os grafólogos, os sinais que denotam vestígios de mentira na escrita − como escrita ilegível, com complicações, traços confusos, assinatura ilegível, abertura das ovais embaixo, ovais duplas, retoques, exageros, assinatura diferente do texto, emaranhados, finais borrados − não devem ser analisados de forma isolada e sim em conjunto com o espaço, a forma e o movimento no texto.

Na Itália, o padre Girolamo Moretti pesquisou sinais de mentira específicos na escrita. Concluiu que o "gesto fugitivo" se materializa frequentemente nos traços (rizos), que podem ser encontrados não só no final das palavras mas também no início delas, inclusive nas barras dos tês, sobre os pontos no is, nos acentos, nos sublinhados e nos parágrafos.

No livro *Grafologia expressiva*, relato alguns desses sinais do padre italiano. O primeiro é chamado de traço da dissimulação (*ricci del nascodimento*), quando o final da palavra é lançado para baixo da última letra e volta para a esquerda. Nesse caso, revela reserva, reticência, tendência a ocultar o próprio eu, além de desejo de esconder de forma cuidadosa pensamentos e sentimentos. O indivíduo dificilmente se compromete em afirmações e juízos, contendo-se para não perder a consideração dos demais, em especial os superiores. Muitas vezes, concilia as tarefas de diplomacia e administração, porque elas indicam a capacidade de manter segredo e a tendência a não se mostrar abertamente aos demais.

Já no traço do subjetivismo os finais de uma palavra são alargados na base em linha horizontal e executados com esmero e segurança. O *ricci del soggettivismo* expressa a tendência a formar juízos sobre pessoas, fatos ou coisas não segundo a realidade, mas com base nos sentimentos, na comodidade ou no interesse próprio.

Nos traços de mitomania, sobretudo nos finais das palavras, eles são alargados para o alto em linha reta até ultrapassar a altura das letras, marcados e fechados com lançamento embaixo das letras da palavra seguinte, ou marcados e tirados em linha reta quase abaixo da mesma letra. O mais genuíno é o primeiro caso. O *ricci della mitomania* expressa a tendência a fixar-se em uma ideia, a inventar fatos, a dar uma interpretação subjetiva a acontecimentos reais. Essas características são particularmente expressadas nos traços do primeiro tipo, uma vez que a do segundo tipo indica dissociação da personalidade e a do terceiro a autossugestão. A pessoa tem um campo de consciência muito restrito, porque os estímulos e as solicitações estão direcionados a uma ideia que o compromete e o concentra, prejudicando a lucidez.

Segundo Torbidoni e Zanin, a matriz comum é a mitomania, já que nos três casos existe a evasão da realidade. No primeiro, o lançamento para o alto é a expressão de uma fantasia por cima e fora das coisas.

No segundo, ocorre o lançamento marcado e fechado por debaixo das letras das palavras seguintes, indicando carência no sentido das proporções e na justa medida do que pensa e do que faz. No terceiro caso, o lançamento marcado e tirado em linha reta por baixo da mesma letra expressa fidelidade aos próprios juízos e ideias, pretendendo ser assim aceito pelos demais.

Depois de breve passagem pelo Rio de Janeiro, o cantor Rod Stewart compôs aquele que talvez seja um de seus maiores sucessos: "Do ya think I'm sexy?" Afora os milhões de cópias vendidas em todo o mundo, o hit era plágio da música "Taj Mahal", de Jorge Ben Jor. Apesar de toda a negação inicial, para os especialistas ficou muito fácil provar o plágio. O litígio acabou favorável ao compositor brasileiro e depois de um acordo comercial os direitos da música foram doados à ONU.

No que se refere a plágios musicais, os exemplos são os mais variados. Há casos de "plágios invertidos", ou seja, depois que a música foi gravada o falsário adultera documentos ou muda partituras registradas (em geral falsamente) para alegar que o sucesso atual é cópia de sua música "antiga".

Em 1971, o grupo The Chiffons acusou George Harrison de copiar "He's so fine" e "My sweet Lord". Muitos compositores chamam isso de "coincidência musical". Pode até ser, mas o certo é que as "coincidências" vão muito além do simples acaso.

Ainda no meio musical, a dupla Milli Vanilli, formada por Fab Morvan e Rob Pilatus, após o estrondoso sucesso de vendas do primeiro álbum, ganhou em 1990 o Grammy de artista revelação. Todavia, surgiram diversas notícias, depois confirmadas, de que os dois não eram os verdadeiros cantores do disco. Eles perderam os prêmios e acabaram praticamente no anonimato, exceto por confusões e pelo suicídio de um deles.

Na literatura, a lista de supostos plágios também é grande. Shakespeare foi acusado de plagiar o poema "The tragical history of Romeo and Juliet", de 1562, de Arthur Brooke, em seu *Romeu e Julieta*, de 1595. Nietzsche fez o mesmo, em *Assim falou Zaratustra*, com a obra de Justinus Kerner *Bläus aus Prevost* [Documentos de Prevost].

No ano de 2011, a Universidade de São Paulo (USP) demitiu um docente por não creditar imagens feitas por outro pesquisador em trabalhos na Universidade Federal do Rio de Janeiro. Nesse mesmo processo, foi cassado o título de doutorado de outra pesquisadora. Os prejudicados recorreram das medidas, mas o caso mostra como os plágios são condenados na pesquisa acadêmica.

Atualmente são vários os programas de computador que analisam e comparam diversos documentos ao mesmo tempo para buscar semelhanças no conteúdo de trabalhos científicos. Eles analisam palavras-chave, encadeamento de palavras, frases etc. Um dos programas que avaliam textos semelhantes é o Etblast, do professor Harold Garner, do Centro Médico da Universidade do Sudoeste do Texas, nos Estados Unidos. Seu software acusou que cerca de 0,004% dos textos com autores diferentes eram semelhantes. Assim, em 17 milhões de artigos, cerca de sete mil textos têm alta possibilidade de plágio.

Em que pesem a crescente sofisticação dos instrumentos de busca e sua consequente utilização em universidades, é comum encontrar anúncios de pessoas que "vendem" monografias, teses etc. Nas faculdades existem alunos que se especializam em fazer trabalhos escolares para os demais mediante pagamento. Isso começa nos primeiros anos de escola, quando apenas um ou dois do grupo de seis alunos prepara o trabalho e os demais apenas assinam. Não deixa de ser uma mentira.

Embora as mentiras escritas sejam, até certo ponto, fáceis de ser provadas, muitos mentirosos não têm a menor noção disso. Os habilidosos acreditam ser capazes de enganar sem ser descobertos. Por isso, embora seja crescente o uso de tecnologia e de computadores, as mentiras escritas vão continuar por muito tempo a causar enormes prejuízos às suas vítimas.

# 15. As mentiras acima de qualquer suspeita dos chefes de Estado

> *Embaixador é o homem honesto enviado para o exterior para mentir para o bem do seu país.*
>
> Henry Wotton, diplomata inglês do século XVII

No filme *True lies* (1994), Arnold Schwarzenegger é um agente secreto que se passa por vendedor. Quando volta de uma missão, seu parceiro lhe entrega um kit com o material que recebeu no congresso de vendedores. Além de brindes e folhetos, está incluso o presente que comprou para a filha. O filme se desenrola quando a tediosa esposa Jamie Lee Curtis se envolve com um picareta que se faz passar por agente secreto.

O fato de um agente do governo mentir para preservar sua identidade e seus parentes é comum em todo o mundo. São mentiras contadas tendo em vista o bem maior, ou seja, a proteção do Estado.

Como em todo este livro, aqui não há juízo de valor sobre o que os governantes dizem. A atitude de quem pesquisa mentiras precisa ser a mais isenta possível, mesmo que isso resulte em grandes dificuldades para "julgar" se a mentira é certa ou errada.

John Mearsheimer, da Universidade de Chicago, publicou o livro *Why leaders lie: the truth about lying in international politics* [Por que os líderes mentem: a verdade sobre a mentira na política internacional]. Como historiador, Mearsheimer mostra que os líderes mentem tanto a outros chefes de Estado como ao povo de seu país.

O fato de chefes de Estado mentirem é comum e nem sempre pode ser evitado. Porém, muitos líderes mundiais mentem em larga escala, sem uma direção definida.

No dia 1.º de março de 2008, comandos da Colômbia, com apoio aéreo de aviões Tucanos, atacaram um acampamento das Forças Armadas Revolucionárias da Colômbia (Farc) no interior do Equador. Anteriormente, tanto a guerrilha como o governo equatoriano afirmavam com veemência não existirem tais bases. Apesar dos desmentidos de ambos os lados, nos dias seguintes as declarações foram as mais desencontradas possíveis. Uma das táticas para encobrir a mentira é contar e "plantar" dezenas de verdades e também de novas mentiras diante dos fatos. Quanto mais mentiras e verdades misturadas, mais difícil fica saber qual é a origem dos fatos.

No bem-sucedido ataque, vários computadores foram apreendidos e enviados para análise no Instituto Internacional de Estudos Estratégicos (IISS, sigla em inglês), órgão que se destaca pela isenção nos procedimentos. O relatório mostrava que os presidentes da Venezuela e do Equador deram apoio às Farc, fato que ambos negaram e repeliram de forma intensa, embora todas as evidências mostrassem exatamente o contrário. Começou então uma guerra de versões na qual os culpados geralmente são outros países.

Esse tipo de mentira de Estado é muito comum. Paulo Ekman descreve as impressões que o chanceler Chamberlain teve de Adolf Hitler nas negociações de paz, antes da Segunda Guerra Mundial. Cinco dias depois das negociações, Chamberlain defendeu o acordo com o ditador alemão no parlamento, pois acreditava nas palavras dele. Foi sua ruína.

A mentira é capaz de levar países à guerra. O próprio Hitler acusou falsamente os tchecos de violência contra os alemães que moravam naquele país. Esse foi o motivo para invadir a Tchecoslováquia. O ditador fez o mesmo ao dizer que tropas polonesas haviam invadido a Alemanha e assim iniciou a maior guerra da história da humanidade.

A mentira de Estado não tem fronteira. Conta a história que, em setembro de 1941, Franklin Roosevelt mentiu sobre o embate entre um submarino alemão e um destroier americano. Queria, com isso, convencer o país a entrar em guerra, fato que só ocorreu no mês de dezembro.

Até os dias de hoje se discute no Brasil se alguns dos ataques aos navios da Marinha Mercante brasileira ocorridos entre 1941 e 1944 foram realmente feitos por nazistas. Muitos acusam as forças aliadas de realizar parte dos ataques, já que isso levaria o Brasil à guerra contra o Eixo. O motivo seria a disputa pelas bases no Nordeste do Brasil, vital para a vitória aliada na África. Verdade ou mentira de Estado, a discussão tem atravessado gerações de especialistas no país.

Em um período mais adiante da história, o presidente americano Lyndon Johnson mentiu sobre o incidente no Golfo de Tonkin, em 1964, para levar os Estados Unidos à Guerra do Vietnã. Essas são as mentiras de Estado mais visíveis. Algumas não passam de uma variação da história *O lobo e o cordeiro*, de La Fontaine. O lobo bebia água no declive acima do rio e o cordeiro, abaixo:

– Como é que você ousa sujar a água que estou bebendo?

– Não, senhor lobo, não estou sujando. A água desce.

– Isso não tem importância. Agora você vai ter de explicar por que falou mal de mim no ano passado.

– Mas, senhor lobo, no ano passado eu ainda não havia nascido.

– Se não foi você, foi seu irmão.

– Eu não tenho irmão, sou filho único.

Para obter o resultado final, o lobo, assim como as nações, não se furta de mentir das mais diversas formas.

Outra mentira que levou os Estados Unidos à guerra foi a procura de armas de destruição em massa no Iraque, comandada pelo então presidente americano George W. Bush. Hoje se sabe que as referidas armas nunca existiram, embora várias autoridades americanas ainda afirmem que Saddam Hussein as tenha escondido muito bem.

Durante a Guerra Fria, os Estados Unidos e a União Soviética inventaram arsenais fictícios de todos os tipos. A farsa de Ronald Reagan com o programa "Guerra nas estrelas" chegou ao auge quando forjaram o teste da destruição de um míssil por outro em pleno voo. O *show* estava todo programado e a farsa da destruição do satélite ocorreu monitorada pelos russos, que acreditaram na veracidade do teste.

Josef Stálin tentou reescrever a história da Revolução Russa de inúmeras maneiras. Uma delas foi com a falsificação e a manipulação de imagens. Descontada a destruição de fotografias e filmes da revolução, pessoas e suas famílias foram mortas para encobrir a verdade. Especialistas passaram então a adulterar as fotos, retirando delas muitos personagens de importância capital nos fatos. Tais ações não foram exclusivas do regime comunista, mas neste alcançaram grande eficácia.

As ações visavam à propaganda do regime, bem como ao expurgo dos que passaram a ser considerados traidores. As fotografias eram cortadas com bisturi, o corte preenchido com aerógrafo e depois tirada uma nova fotografia em cima da adulterada. Um dos mais ativos participantes da revolução foi Leon Trotsky. Depois que entrou em conflito com Stálin, teve de se exilar. Stálin, por sua vez, resolveu apagar a história de Trotsky e o removeu de todas as fotos, especialmente daquelas em que ele aparecia ao lado de Lênin.

Essa maneira de contar a história ou de recontá-la não é privilégio dos regimes autoritários. Descontada a propaganda, que muda a paisagem e distorce fatos, o Brasil contemporâneo teve um caso de manipulação de fotografias dos mais emblemáticos.

Antes de assumir a presidência da República, Tancredo Neves (1910-1985) ficou gravemente enfermo às vésperas de sua posse. Para mostrar ao povo brasileiro que estava bem, foi montada uma sessão de fotos com os médicos e a esposa.

O objetivo era dizer que em breve Tancredo se recuperaria. O que as fotos não mostram são os cateteres aos quais o paciente estava ligado. Os médicos, a menos pela tensão registrada nas mãos de alguns, não mostram qualquer tipo de constrangimento, e o sorriso forçado da esposa de Tancredo tenta transmitir normalidade. Infelizmente, depois de sete cirurgias em 38 dias, o presidente morreu.

Em abril de 2009, o jornal *Folha de S.Paulo* publicou foto na qual a Chefe da Casa Civil, Dilma Rousseff, aparecia em uma ficha criminal do Departamento Estadual de Ordem Política e Social (Deops), órgão de repressão política do regime pós-64. O laudo, realizado pelos professores do Instituto de Computação da Universidade de Campinas Siome Klein Goldenstein e Anderson Rocha, concluiu que a foto foi recortada e colada, ou seja, houve manipulação digital no documento. O jornal reconheceu o erro e fez a correção. Cerca de um ano depois, a imagem de Dilma Rousseff foi manipulada de outra maneira. Em uma propaganda, ela apareceu como participante de uma marcha contra a ditadura. O anúncio era dúbio, mas dava a entender que ela estava na passeata. Na realidade, na foto apareciam as atrizes Eva Wilma, Tônia Carrero, Odette Lara, Ruth Escobar e Norma Bengel. Nesse caso, não houve a preocupação de modificar as fotos, e sim a história.

## Pelo bem da nação

São inúmeros os casos em que a mentira é utilizada para o bem da nação. Muitos veem nesse tipo de prática a grande utilidade da mentira, especialmente quando se fala em segurança nacional.

John Mearsheimer acredita na utilidade da mentira como recurso de salvação da pátria. Como já vimos, ele tenta provar que os líderes mentem mais ao público interno do que ao estrangeiro. Um dos pontos mais interessantes da obra de Mearsheimer é que os líderes dos países democráticos mentem mais do que os ditadores. A explicação é simples: a autoridade dos tiranos não emana do povo e eles precisam fingir menos, não sentindo necessidade de prestar contas a quem quer que seja.

Já os líderes eleitos precisam de constante contato com o público e, para isso, têm de mostrar o que estão fazendo pelo bem de seu país.

## Abolindo a lei da oferta e da procura

O Brasil acordou no dia 28 de fevereiro de 1986 com um novo plano econômico, o Plano Cruzado. Lançado pelo presidente da República, José Sarney, e pelo ministro da Fazenda, Dilson Funaro, prometia uma verdadeira revolução econômica.

Entre as principais medidas estava o congelamento de preços de bens e serviços, da taxa de câmbio e dos salários. Até hoje é difícil contestar a lisura dos economistas que participaram do plano – e mais ainda de Funaro.

A maioria dos brasileiros aprovou o plano, mas o que se seguiu foi um festival de mentiras coletivas da qual grande parte da nação participou. Não existiram, por assim dizer, mentiras individuais de um chefe de Estado ou de um empresário. As mentiras começaram a surgir de maneira quase imperceptível e tomaram vulto.

Primeiramente, por meio de vários mecanismos, os políticos conseguiam aumentar o salário, fato que era proibido. Algumas empresas mantinham o salário, mas usavam os *fringe benefits*, que ampliavam as vantagens dos funcionários, embora o salário fosse o mesmo. Esse tipo de artifício não é novo, tendo sido amplamente usado pelas empresas americanas durante a Segunda Guerra Mundial para reter ou contratar pessoal.

Casos espantosos de mentiras surgiram em todo o país. O frango assado diminuiu de tamanho e as embalagens perderam peso de duas maneiras: pela simples diminuição da quantidade do produto (embora o tamanho do recipiente continuasse o mesmo, o peso era escondido estrategicamente) ou pela fraude propriamente dita, quando o conteúdo era menor que o estipulado na caixa.

As montadoras de automóveis lançaram modelos mais potentes sem se preocupar com a qualidade dos motores, modificados às pressas. Certa montadora chegou ao ponto de incluir entre os acessórios opcionais de seus veículos o tanque de combustível. Um restaurante no Rio de Janeiro ficou famoso porque o refrigerante com gelo custava mais que o sem gelo.

Contudo, nada superou a vendedora de pintinhos em Minas Gerais. Ela comprava os filhotes na granja e depois pintava as asas e o corpo dos bichos com tinta escura para transformá-los em aves caipiras, de valor mais alto no mercado. Pega em flagrante, declarou que vendia os pintinhos assim porque as pessoas gostavam mais.

Com a escassez de carne, iniciou-se a caça ao boi nos pastos, com direito a televisão, helicóptero das Forças Armadas e políticos querendo votos. Alguns colocaram equipamentos e pessoal ao longo das estradas para dizer que uma duplicação tinha começado. Terminada a eleição, as máquinas foram retiradas sumariamente.

A mentira coletiva teve seu fim com o encerramento do Plano Cruzado, logo depois das eleições. Muitos políticos ainda o classificam de "o maior estelionato eleitoral" da face da Terra.

Apesar das evidentes boas intenções do plano, o que não fica claro são as mentiras perpetradas depois dele. É consenso que qualquer país, empresa ou instituição que tente viver sob o domínio da mentira pagará um preço muito alto por isso. Foi o que aconteceu com o Brasil nos anos seguintes ao Cruzado, quando viveu períodos de crescimento pífio. Os anos 1980 foram chamados de década perdida.

Em relação às "mentiras coletivas", creio que o Brasil vivenciou vários surtos nos últimos anos. Além do Plano Cruzado, tivemos a "operação Uruguai", nome dado ao esquema mentiroso para provar os enormes gastos pessoais do então presidente Fernando Collor. O suposto empréstimo teria sido contraído no país vizinho para pagar dívidas de campanha. Mas, na realidade, era uma farsa montada com a ajuda de doleiros para justificar o pagamento das despesas do presidente pelo amigo e tesoureiro de campanha, Paulo César Farias.

As investigações de uma CPI mostraram que as contas pessoais do presidente e de seus familiares foram pagas pelo tesoureiro da campanha. O caso, repleto de mentiras de todas as partes, inclusive dos acusadores, levou ao *impeachment* do primeiro presidente eleito depois do regime militar brasileiro. A farsa começou a ser desmontada depois de uma entrevista de um motorista de Collor.

O terceiro caso de mentira coletiva ocorrido no Brasil foi o do Mensalão, mencionado diversas vezes neste livro. Em cada um desses surtos, o país perdeu em credibilidade. Pessoas comuns aumentam o nível de descrédito, e mentir no intuito de cobrir ilícitos passou a ser visto como um meio quase legal de convivência social criminosa.

O fato de que muitos governos mentem tendo em vista um objetivo maior é observado no caso dos mísseis de Cuba, entrevero ocorrido entre os Estados Unidos e a União Soviética. Mearsheimer também descreve a história em seu livro.

John Kennedy fez um acordo secreto com o primeiro-ministro russo Nikita Khrushchev de que os mísseis soviéticos seriam retirados de Cuba. Em contrapartida, os americanos desmontariam os seus mísseis, instalados na Turquia. Kennedy conseguiu que Khrushchev não revelasse ao mundo a última parte do acordo para ficar bem com seu público interno. A mentira, nesse caso, serviu para salvar o mundo de uma catástrofe nuclear. A foto de Tancredo no hospital tranquilizou o país, embora o rumo da história tenha enveredado por outros caminhos.

Coloco ao lado das mentiras de Estado aquelas cometidas por seus agentes contra o cidadão comum. Nesse sentido, as mentiras de que foi vítima o caseiro Francenildo Santos Costa, quando da quebra de seu sigilo bancário, devem ser incluídas nesse caso.

Francenildo era um simples caseiro em uma mansão no Lago Sul, bairro nobre de Brasília. Talvez seu maior problema tenha sido falar a verdade na CPI dos Bingos, que investigava a exploração do jogo ilegal. Declarou, no dia 12 de março de 2006, em depoimento na comissão parlamentar, que viu várias vezes o então ministro da Fazenda Antônio Palocci chegar de carro à mansão, onde lobistas se reuniam para distribuir dinheiro e realizar festas com garotas de programa. Em outra sessão da CPI, Palocci desmentiu várias vezes o caseiro. Um de seus argumentos foi que ele, Palocci, "não sabia dirigir em Brasília".

No dia 17 de março, a revista *Época* publicou o extrato da conta bancária de Francenildo, em que aparecia a quantia de R$ 38.860,00. A matéria dava a entender que o caseiro recebera dinheiro para realizar as denúncias contra Palocci, mas na verdade a cifra era oriunda do possível pai biológico do caseiro, um empresário do Piauí que desejava resolver o reconhecimento da paternidade sem entrar na justiça. A quebra do sigilo bancário foi uma verdadeira farsa. Palocci acabou renunciando e, anos depois, o Supremo Tribunal arquivou as denúncias contra ele.

## TORTURA

É difícil classificar uma confissão obtida mediante tortura como mentira. Teoricamente, a mentira não está em quem a profere, e sim na pessoa do torturador, que obriga o depoente a dizer aquilo que não fez ou não sabe. O torturador torna-se duplamente mentiroso quando sabe que o torturado está sendo obrigado a confessar o que não fez.

Em 1937, os irmãos Sebastião José Naves e Joaquim Rosa Naves foram acusados de matar o primo e sócio Benedito Pereira Caetano. Repleto de dívidas no comércio, o primo pegou o dinheiro da venda de arroz e desapareceu da cidade. Os irmãos foram à polícia dar queixa, mas acabaram suspeitos do crime. Como não havia cadáver, o delegado Francisco Vieira dos Santos, conhecido como "Chico Vieira", os torturou meses a fio para que confessassem o crime. As torturas se estenderam às esposas e à mãe dos acusados.

Durante anos, ambos ficaram sob o jugo do Estado. Em 1952, o primo Benedito reapareceu em Nova Ponte dizendo não ter conhecimento do caso dos Naves, e depois de muitas reviravoltas e de anos de prisão os irmãos foram inocentados.

Esse caso envolveu criminosos, com o beneplácito do Estado, que se acha imbuído de algo superior em sua missão de defender as pessoas.

## MENTIRAS HISTÓRICAS

As mentiras de Estado sempre existirão, mas é temeroso erguer a nacionalidade com base em conceitos falsos. Embora de certo modo muitos considerem lícito romancear a realidade para que o orgulho nacional se eleve, outros acham que somente com o conhecimento pleno da história os povos conseguirão evoluir.

O quadro "Independência ou morte", do pintor Pedro Américo, mais conhecido como "O grito do Ipiranga", é a principal imagem da proclamação da Independência do Brasil. Muitos acreditam tratar-se de uma reprodução fiel do momento, ocorrido no dia 7 de setembro de 1822, mas Pedro Américo recebeu a encomenda da própria Família Real muitos anos depois e só o terminou em 1888, na cidade de Florença, Itália. Pode-se dizer que se trata de uma visão romanceada dos fatos – entre outras imprecisões estão os cavalos, que na verdade eram burros de carga, muito mais adequados para as viagens feitas na época. O fato é que aquilo ficou gravado como verdade para muitas gerações, fosse ou não essa a intenção.

No Brasil ainda existem grandes controvérsias a respeito de inúmeros episódios da história. A Guerra do Paraguai (1865-1867) é um desses fatos históricos que têm várias versões. Na brasileira, Solano López era um ditador contra o qual o Exército lutou. Já na versão do ditador, as fotos *à la* Napoleão Bonaparte não negam o viés. Outra versão é a de que um Paraguai industrializado e rico não serviria aos interesses ingleses.

Outro fato controverso na história do Brasil é a anexação do Acre. O presidente boliviano Evo Morales declarou que a Bolívia trocou o estado do Acre por um cavalo. A versão oficial do Brasil registra que o Barão de Rio Branco negociou com autoridades bolivianas e foram pagos 2 milhões de libras (430 milhões de dólares em valores atuais). Isso consta no Tratado de Petrópolis. Alguns historiadores dizem que o dinheiro realmente existiu, assim como o cavalo, sendo este utilizado para subornar o presidente da Bolívia.

# 16. Como mentir melhor

*Minta, minta sempre; alguma coisa ficará.*

**Voltaire**

A característica comum nas explicações dadas pelo publicitário Marcos Valério, acusado de participar do Mensalão, e pelo senador Renan Calheiros, acusado de receber dinheiro de empreiteiras para pagar a pensão do filho, foi a alegação de que ambos criavam gado. Diversos articulistas se manifestaram afirmando que o acusado pode se defender da maneira que julgar melhor, mas não deve menosprezar a inteligência alheia.

Até uma criança consegue avaliar o conteúdo daquilo que é dito a ela e, dentro de sua capacidade, concluir se o que dizem é mentira. Quanto mais o tempo passa e as vivências se somam, mais isso se solidifica; portanto, maior é a dificuldade de aceitar as mentiras ou cair no engodo.

Se sabemos que as pessoas mentem para nós e nós para elas, precisamo-nos prevenir. Nossas mentiras precisam ser aceitas de maneira lógica e racional. A não ser que tenhamos uma patologia em relação à mentira, calcularemos até onde e como podemos mentir aos outros.

O conto do menino e o lobo ilustra a questão. Na brincadeira, o pequeno pastor gritava "É o lobo!" e todo mundo se assustava. Depois de algum tempo, quando o animal apareceu de verdade e o menino chamou por socorro, ninguém atendeu. Seu cálculo sobre a crença dos aldeões em suas mentiras foi totalmente errado. A regra básica que o pequeno pastor não cumpriu é a seguinte: minta o menos possível – somente quando a proporção de ganho for satisfatória.

Ao longo da evolução humana, sempre nos preocupamos em identificar se os outros faltam com a verdade ou não. Ocorre que os mentirosos sofisticam e desenvolvem cada vez mais os mecanismos de mentira. Os especialistas chamam um desses mecanismos de "leitura de mente". Essa "técnica" não está relacionada a poderes mentais ou extrassensoriais: o mentiroso aplica seus conhecimentos sobre aquilo que as pessoas pensam e sentem, trabalhando com suas expectativas de maneira que as mentiras que conta tenham o efeito desejado.

A "leitura de mente" exige alto grau de sofisticação, pois é necessário conhecer aquilo que o outro deseja e mudar rapidamente o curso das ações para que as reais intenções não sejam percebidas. Chamo alguns desses mentirosos de "rastreadores psíquicos". Eles fazem um verdadeiro escaneamento daquilo que o outro deseja, sente e pensa para depois aplicar suas mentiras.

Francisco de Assis Pereira, o maníaco do parque, assassino em série que matou mais de dez mulheres, seria "rastreador psíquico". Seu poder de convencimento era tão bom que ele conseguiu levar diversas moças a lugares ermos, como matagais afastados da cidade de São Paulo, para tirar fotos com uma simples máquina, alegando que elas serviriam para compor um book de modelo fotográfico.

Porém, o "rastreador" tem uma deficiência, já que é bom somente naquilo a que se propõe. Diante de qualquer tipo de variação, perde quase por completo a flexibilidade de suas ações. As mentiras não se encaixam mais e ele se vê sem munição. Dessa maneira, se afasta da vítima o mais rápido possível.

De qualquer forma, o desejo é manipular a vítima de todas as formas possíveis. A característica primordial de uma boa mentira é tapear o outro sem que esse perceba que está sendo enganado. Mais ainda, que o mentiroso seja elogiado como honesto. Isso somente ocorre quando alcançamos alto grau de sutileza.

Manipular a mente de uma pessoa é relativamente fácil, mas fazer isso com várias pessoas ao mesmo tempo se torna complexo e difícil, especialmente em uma sociedade conectada em tempo integral. Todavia, a manipulação nem sempre se faz pela "leitura de mente" ou pelo "rastreamento psíquico".

De acordo com Robert Feldman e outros cientistas, a falsidade humana não é apenas resultado da evolução, mas da força motriz por trás dela. Segundo Aldert Vrij, a personalidade do manipulador o ajuda a ter mais sucesso quando mente, pois muitas vezes não tem qualquer tipo de escrúpulo, o que reduz de maneira drástica o sentimento de culpa. Quanto menor a possibilidade de ser desacreditado, mais confiante o manipulador se sente. Dessa forma a dificuldade de mentir e de criar novas histórias praticamente desaparece.

Artistas e políticos sentem-se bastante confiantes quando mentem, assim como as pessoas de personalidade expressiva, pois facilmente transmitem a ideia de honestidade.

Há alguns anos, no Rio de Janeiro, muitos assaltos a banco foram feitos por ladrões com ternos de grife e aparência impecável, o que lhes facilitava entrar nas agências. Segundo Aldert Vrij, a boa aparência é interpretada como sinal de honestidade e beneficia os mentirosos.

Porém, excesso de simpatia também provoca suspeita. Vale a máxima: "Quando tudo estiver muito certo, certo demais, é porque existe algo de errado". Se a pessoa for natural demais, honesta e sincera por completo, a tendência é que não acreditem no que diz. A excessiva espontaneidade começa a parecer artificial. De qualquer forma, os padrões de comportamento dependem da cultura de cada região e país.

Bons mentirosos sabem trabalhar e esconder os sentimentos, especialmente o medo e a culpa. Diante de situações de alto risco, eles podem apresentar as mesmas emoções de quem fala a verdade, em particular se for a primeira vez que passam por tal situação.

## COMO MENTIR MELHOR

A intenção deste tópico não é facilitar a vida do mentiroso, mas ensinar o leitor a identificar quem mente. Reconhecendo-se que desde a primeira infância somos incitados a não mentir e que a criança é punida justamente por dizer a verdade, o treinamento para mentir ocorre de maneira contraditória e muitas vezes por pura imitação.

Os pais obrigam a criança a dizer que gostou do presente que não desejava, mas não ensinam isso como mentira, e sim como forma de educação. Quando mentem na frente dos filhos, não dão qualquer tipo de explicação lógica ou racional.

Treinar alguém para contar mentiras é algo que extrapola todos os limites da ética, certo? Talvez, mas não é bem assim que acontece. Porta-vozes e relações-públicas são profissionais especializados e contratados para treinar políticos na arte da mentira. Alguns cursos são abertos ao público. O treinamento de agentes secretos e funcionários governamentais para mentir é considerado assunto de Estado.

É preciso mentir com convicção total. A mentira dos treinamentos é que eles não são feitos para ensinar a contar mentiras com mais facilidade, mas sim para transmitir a mensagem com maior credibilidade.

Estudos mostram que o objetivo do mentiroso é a edição da realidade para mostrar aquilo que mais interessa; assim, ele utiliza a memória para criar uma história que seja plausível. Já aqueles que contam a verdade se preocupam mais em reconstruir os acontecimentos de acordo com o que de fato aconteceu. Por outro lado, muitas vezes os acontecimentos não são tão plausíveis como ele acredita ser e, por isso mesmo, passa a ser chamado de mentiroso. No filme *A soma de todos os medos*, o herói, ao contar a verdade, é abandonado pela namorada.

## TREINAR A MENTIRA

Pesquisa da Universidade de Gent, na Bélgica, mostra com neuroimagens que o nosso cérebro amplia sua atividade quando mentimos. O cérebro gasta muito mais energia para inventar histórias; além disso, temos de ficar alertas para que a mentira não seja descoberta. Inventar histórias também toma mais tempo do que dizer a verdade.

Segundo os cientistas, repetir a mentira várias vezes a torna imperceptível. Isso estaria de acordo com a máxima de Joseph Goebbels, ministro da Propaganda de Adolf Hitler: "Uma mentira cem vezes dita torna-se verdade".

Na pesquisa anteriormente citada, o objetivo era saber se a dominância da resposta verdadeira sofreria alterações no cérebro. Descobriu-se que, com o tempo, a diferença nas respostas entre a verdade e a mentira diminuiu e a atividade cerebral se estabilizou nos mentirosos, ficando igual à dos que falavam a verdade. Entre as conclusões dos cientistas está a de que o detector de mentiras (polígrafo) nem sempre aponta os mentirosos treinados.

Outra pesquisa, conduzida pelo psicólogo americano William Flanagan, mostrou que mentirosos que planejam os detalhes de suas mentiras antecipadamente são mais bem-sucedidos que aqueles que não o fazem.

Para mentir, é preciso treinar a história antes de ser contada. Mais do que isso, visualizar mentalmente aquilo que será dito por várias vezes, tantas quantas forem possíveis.

Caso esteja em uma festa de casamento e considere o bolo ou o vestido da noiva de péssimo gosto, tente proferir outros elogios que não sejam falsos (mas esteja precavido para elogiar o vestido). Certamente você vai parecer mais natural ao elogiar de forma um tanto enganosa.

Para isso, é preciso calma, não se afobe. Adiante veremos que a maioria dos sinais indicativos da mentira está relacionada à ansiedade do mentiroso e não a um sinal específico. Aliás, não existe gesto no corpo humano que denote a mentira. Com calma, você não mostra irritação e contrariedade.

Seja simples, econômico, não complique. Uma das principais técnicas para pegar o mentiroso é deixar que ele fale, fale muito. Quanto mais ele falar, maior a possibilidade de mentir e de mostrar as intenções. Diante de interrogatórios, muitos mentirosos utilizam expressões como "Não me lembro", "Talvez"; balbuciam "sim" ou "não" de modo quase ininteligível. Por isso, seja econômico nas palavras, mas não miserável. Não fique agregando detalhes na ânsia de que a pessoa acredite em você. O viés da verdade aparece na maioria das pessoas e você dificilmente estará mentindo em um interrogatório policial. Nossas mentiras são as dos dia a dia.

Quando se pede ao mentiroso que conte a história novamente, ele não deve demonstrar que ela foi ensaiada, portanto repetir da mesma maneira e sem qualquer tipo de alteração causará suspeitas.

Alguns dos bons mentirosos acrescentam até pequenos fatos e erros de forma intencional. Sabem de antemão que, se a história tiver um grande número de "furos" ou for completamente "fechada", sem esquecimento, ninguém vai acreditar. Para não transitar nessa polaridade, pequenos erros e omissões são corrigidos. Como muitas pessoas consideram que é nobre reconhecer os próprios erros, o mentiroso ganha mais credibilidade quando admite ter se enganado.

Não mude o discurso bruscamente, mantenha o mesmo tom de voz e a mesma linha de raciocínio. Não exagere. O mentiroso é pego nas discrepâncias daquilo que diz.

Outro meio de mentir com mais convicção é encaixar uma história verdadeira na mentira. A namorada de Alexandre desejava saber onde ele esteve no sábado pela manhã. Se ele contasse a verdade, certamente o namoro terminaria. O rapaz disse com todas as letras que tinha ido ao centro da cidade fazer compras em uma loja de departamentos recém-inaugurada. A namorada pediu então que ele descrevesse a loja. As respostas foram todas corretas, perfeitas e convincentes, afinal Alexandre estivera lá na quinta-feira. Ao agregar a mentira sobre sua ida à loja, colocou algumas verdades na história e assim conseguiu convencer a moça. Bons mentirosos normalmente baseiam suas mentiras nas vivências e apenas alteram ou omitem detalhes que consideram críticos (Malone *et al.* 1997, *apud* DePaulo *et al.*, 2003).

Carlos, na tentativa de se fazer bonito e viajado, passou a dizer a Sabrina que conhecia diversos lugares em todo o mundo. Descreveu, de acordo com os seus conhecimentos "fotográficos", várias cidades, como Paris, Nova York, Londres – sempre dizendo que passou um ou dois dias no máximo em cada uma delas. Queria mostrar que tinha dinheiro, mais do que suas verdadeiras posses. Acabou se denunciando, pois não sabia quando o seu passaporte venceria nem conseguiu explicar em que hotéis se hospedou ou que meios de transporte usou para se locomover. A desculpa de ficar em abrigos da juventude não colou, tendo em vista o "exagero" de dinheiro que gastava nas viagens.

Minta dentro do possível e para a pessoa possível. Não tente enganar um médico dizendo que também é médico, por exemplo. Diga aquilo que a pessoa deseja ouvir. Todos gostam de elogios, por isso não seja econômico nem exagerado. Crie empatia com seu interlocutor e seja bastante cuidadoso com aquilo que diz.

Ocultar determinadas informações, o "Não me lembro disso" e o "Me esqueci" são opções melhores do que inventar algo possível de ser desmascarado. Foi assim que o técnico de futebol Vanderlei Luxemburgo respondeu à grande parte das perguntas a ele feitas em uma CPI. Embora não seja correto dizer se estava ou não mentindo, o fato é que não existia possibilidade de verificar a história. Em resumo, quanto menos informação, melhor.

## RESPOSTAS RÁPIDAS

Qualquer que seja a situação, o bom mentiroso necessita responder rapidamente às perguntas. Quanto mais ele demorar nas respostas, mais parecerá que está mentindo. Mas para isso é preciso raciocínio ágil. Bons mentirosos estão elaborando ou já elaboraram a mentira enquanto a pergunta está sendo feita. Com isso, passam credibilidade ao interlocutor. Alguns interrompem a pergunta e dizem: "Já sei o que você vai perguntar e, nesse ponto, vou ser totalmente verdadeiro", ou até completam a pergunta do entrevistador imaturo.

Essa flexibilidade mental é adquirida com experiência e grandes vivências. É muito comum em debatedores, advogados, juízes, promotores, professores etc. Não significa, é claro, que estes estejam mentindo.

A habilidade verbal e a eloquência também facilitam a vida do mentiroso. A utilização de palavras difíceis e explicações sobre termos complexos pode dar mais tempo para o mentiroso elaborar suas mentiras de maneira consistente. A perspicácia e o bom humor facilitam a mentira.

Os bons mentirosos mentem de acordo com crenças de suas vítimas ou interrogadores sobre a verdade, bem como evitam se encaixar nas que estes têm sobre a mentira. Conhecer os anseios e os desejos de seu interlocutor ajuda o mentiroso no processo de convencimento.

## Controle seus sinais corporais

Nunca desvie o olhar quando contar uma mentira. Às vezes, fazemos isso de maneira inconsciente, portanto é um sinal corporal difícil de controlar. Encare diretamente a pessoa quando ela perguntar e responda olhando de frente também.

Tente não mostrar raiva, culpa ou medo por mentir.

Evite todos os gestos que serão descritos nos próximos capítulos. Não é tarefa fácil para quem não tem experiência e está contando mentiras sem maiores preocupações.

# 17. Como pegar um mentiroso

As séries de televisão mostram que é impossível enganar os heróis – em geral policiais ou agentes secretos. Esses personagens têm a seu lado a ciência e um dom quase sobrenatural para detectar mentiras. Tais séries, no entanto, acabam por propagar uma grande mentira: a de que é sempre fácil apanhar um mentiroso em seus engodos.

Segundo Aldert Vrij, uma das razões pelas quais as pessoas falham na detecção de mentiras é que elas não levam em conta a complexidade e o limitado conhecimento do que se passa na mente do mentiroso.

Outros autores postulam que, por meio de treinamento e vivência, é possível observar mentiras. Estou de acordo com a afirmação, bem como com a de que sempre existirá quem consiga enganar a todos – de especialistas a sofisticados aparelhos. Nessa guerra, ao que parece, o mentiroso, até o momento, está há anos-luz dos caçadores de mentira. Reconhecer esse fato é o primeiro passo para ter sucesso.

Apesar da experiência de anos, tenho inúmeras dificuldades para identificar certas mentiras e, em algumas situações, me isento de emitir opinião para não cometer injustiça. Diante de um monitor de alta definição, com a possibilidade de passar o vídeo inúmeras vezes, congelar a imagem, rodar em câmera lenta, ampliar determinados traços faciais e corporais, fica até certo ponto fácil identificar mentiras. O mesmo não se pode dizer durante um interrogatório, uma entrevista ou uma conversa.

Desconfie daqueles que dizem que conseguem observar a mentira com segurança total, assim como dos cursos que se dizem capazes de transformar os participantes em especialistas em poucas horas de treinamento.

Antes de entrar no restaurante, pedi a Cláudia que falasse um nome qualquer. Ela perguntou por quê e, diante da insistência, disse: "Marcelo". "Certo, retruquei", "Marcelle, com dois eles, Desirat, com t mudo. Marcelle Desirat. Guarde esse nome."

O almoço era com alguém que dizia estar entre os melhores e mais conceituados grafólogos do mundo e, pela propaganda, assim era avaliado por todos que o conheciam. Tinha certo charme e boa capacidade de convencimento. Manejava uma plateia como poucos. Quando o conheci, pensei em quanto aprenderia sobre o assunto. Mas, com o tempo, notei inconsistências em seus conhecimentos de grafologia. Ele, que não tinha nenhum contato com grafólogos no exterior, dizia ter publicado trabalhos em revistas científicas, mas quando eu solicitava referências nunca as tinha em mão. Diante das perguntas mais incisivas, desviava para assuntos que dominava. Naquele dia, resolvi tirar a limpo minhas desconfianças.

O almoço transcorreu normalmente e, na hora da sobremesa, disse:

– Importei um livro de grafologia da França. Chega semana que vem. A autora é Marcelle, com dois eles, Desirat, com t mudo. Marcelle Desirat. Disseram que é muito bom.

De imediato recebi a resposta:

– Claro que sim, eu tenho esse livro, é muito bom mesmo. Acho importante ler vários autores, mas gosto de outros livros, especialmente dos do professor Augusto Vels. É uma opinião pessoal, mas acho que os estudos dele são mais consistentes. Aliás, tenho estudado o Vels demais...

De antemão já sabíamos que o camarada estava mentindo. A autora não existia, o livro menos ainda.

O sorriso de Cláudia não escondeu sua satisfação por ter pego alguém na mentira. A técnica utilizada foi muito simples. Caso ele percebesse, poderia dizer que não conhecia o autor. Se fosse um grande conhecedor de grafologia e estivesse atualizado, certamente saberia de novos lançamentos.

Não desmascaramos o "amigo", mas ficou evidente que encobria sua incompetência com um bom palavreado. Basta analisar um pouco mais a fala, repleta de evasivas. Em primeiro lugar, ele não menciona o nome do livro nem faz qualquer referência direta ao autor. Quase de imediato desvia o assunto e se volta rapidamente para autores que conhece e sobre os quais se acha capaz de discorrer com mais facilidade. Esse tipo de argumentação nem sempre constitui mentira. Talvez ele estivesse aborrecido e não quisesse falar sobre determinado assunto.

Entretanto, quando a pessoa se diz especialista em algo e não deseja falar sobre o assunto que supostamente domina, devemos desconfiar. Mais ainda quando ela evita o papo de modo constante, inclusive nos locais em que precisa mostrar esses conhecimentos.

Pegar mentirosos com esse tipo de estratagema não chega a ser difícil. No Capítulo 10, citei o caso de Christophe Rocancourt, que dizia ser membro da família Rockefeller. Sua teia de mentiras começou a ruir quando um amigo, desconfiado, ofereceu um vinho barato, de quinta categoria, e ele discorreu sobre a excelente qualidade daquele Bordeaux.

Mentiras assim são fáceis de ser pegas. Ao longo do tempo, o mentiroso ganha confiança e acredita que não vai ser apanhado. Chamo isso de "botijão de gás" ou "paiol de dinamite". No primeiro, se encaixam as pessoas que mentem sem grandes consequências; no segundo, os mentirosos especializados. Nos dois casos, a explosão ocorrerá, mas na dinamite os efeitos serão mais devastadores.

Da primeira vez em que a pessoa vai lidar com dinamite ou com um botijão de gás cumpre todos os ritos, mas com o passar do tempo começa a brincar e se descuida por completo.

O mesmo ocorre com a mentira. Quando ela é planejada, o mentiroso treina para evitar qualquer tipo de contratempo e não lança inverdades demasiadas. Sabe que os exageros são mais fáceis de ser descobertos. Com o tempo, a confiança aumenta e o controle afrouxa. As mentiras começam a ficar mais transparentes.

Pesquisas feitas por Paul Ekman, Maureen O'Sullivan e Mark G. Frank nos anos 1990 revelam que a maioria das pessoas tem capacidade de avaliar se alguém está dizendo a verdade ou não. Isso não se deve à inabilidade do mentiroso, e sim da própria pessoa. Ou seja, existe quase que de modo intuitivo uma quantidade de mentiras que são toleradas. O bom mentiroso dosa a quantidade. O mau nem sempre tem essa

## A MENTIRA COMO UM TODO

Todos os grandes especialistas são unânimes em afirmar que não existe apenas um indicativo de mentira. O único sinal físico da mentira foi criado por Carlos Collodi no conto "Pinóquio". Felizmente, para todos nós, a natureza não providenciou algo que ficasse visível no corpo humano quando mentimos; isso seria trágico para todos nós.

Todos nós mentimos, portanto cuidado para não cair nas mesmas armadilhas que utiliza. Tanto os mentirosos como as pessoas que dizem a verdade usam estratégias verbais e não verbais com objetivo de se fazer acreditar. DePaulo e colaboradores sugerem que ambos editam sua maneira de se comportar para parecer verdadeiros.

Dessa forma, se desejamos pegar o mentiroso, temos de aprender como agem as pessoas que dizem a verdade.

### ESTRATÉGIAS PARA MUDAR O COMPORTAMENTO NÃO VERBAL

Paul Ekman e Wallace Friesen sugerem quatro estratégias usadas pelos mentirosos para modificar o comportamento não verbal.

**Minimizar** – Trata-se da tentativa de externar, de modo mais ameno, emoções intensas ou profundas durante uma situação crítica, como o socorrista que, ao atender um acidentado, tende a minimizar os traumas quando o paciente pergunta o seu estado.

**Exagerar** – Se de um lado a pessoa pode minimizar certos sinais para modificar seu comportamento, de outro pode exagerar. Ao se sentir minimamente ofendida, ela toma atitudes totalmente desproporcionais às ofensas recebidas. Dessa forma o mentiroso quer passar a imagem de ofendido e fazer que acreditem nele. Segundo Charles Ford, esse comportamento é comum em personalidades histriônicas.

**Neutralizar** – Alguns pesquisadores chamam de *poker face* a tentativa de fazer um rosto neutro e sem expressões (em português, o equivalente seria a expressão "cara de paisagem", mas essa expressão corporal é muito difícil para as pessoas não treinadas. As crianças fazem a brincadeira do "cara a cara", na qual ficam de frente sem poder sorrir ou piscar, mas em geral o jogo não dura nem 60 segundos. Ao "neutralizar" o rosto, o mentiroso tenta esconder as emoções e se isolar das perguntas feitas, mas nem sempre consegue.

**Substituir** – A substituição de uma emoção por outra é uma das estratégias mais comuns. A pessoa está nervosa ou com raiva diante de determinados questionamentos e, na tentativa de esconder isso, coloca um sorriso no rosto. O recurso do sorriso falso é bastante utilizado para disfarçar as mais diversas emoções.

Em 2010, Leif A. Strömwall, Pär Anders Granhag e Maria Hartwig realizaram estudos com 30 estudantes. Interrogados por policiais experientes sobre um crime simulado, metade mentiu e metade disse a verdade. Depois dos interrogatórios, os suspeitos mostraram dois comportamentos diferentes. Apenas 10% dos mentirosos relataram não ter uma estratégia, enquanto o valor correspondente para sinceros foi de 30%.

Outras pesquisas mostram que os mentirosos estão mais preocupados com a linguagem corporal do que aqueles que dizem a verdade.

Nos interrogatórios, as pessoas que dizem a verdade não têm estratégias porque acreditam (têm fé) que sua inocência será provada apenas sendo francas. Talvez não seja bem assim. A ingenuidade diante de policiais mal preparados pode ser catastrófica. "Conte a verdade e tudo vai ficar bem", "Dizer a verdade é o melhor caminho" são falsos argumentos usados por interrogadores. Ao dizer a verdade, muitas vezes a pessoa é desacreditada.

No filme *Testa de ferro por acaso* (*The front*, 1976), Woody Allen interpreta um caixa de restaurante que deixa o amigo escritor, que estava sendo perseguido pelo macartismo, utilizar seu nome. Apesar de ser quase idiota, o personagem é obrigado a prestar depoimento como testemunha e assim evitar ser acusado de comunista. Em certo momento, um dos interrogadores diz: "Qualquer um que vem aqui e diz a verdade não tem nada com que se preocupar". No fim do depoimento, o personagem de Allen acaba sendo preso, acusado de ser comunista.

Qualquer pessoa deve se preocupar quando diz a verdade diante de juízes, promotores e delegados. Especialmente quando a verdade não interessa ou é por "demais verdadeira" para ser crível.

No filme *A soma de todos os medos* (*The sum of all fears*, 2002), o novato agente Jack Ryan tem um encontro marcado com a nova namorada, mas é obrigado a partir para a Rússia em missão secreta na tentativa de evitar uma guerra nuclear. Ao receber um telefonema dela, não pode dizer que está no avião da CIA rumo à antiga União Soviética. Seu chefe o autoriza a dizer a verdade e assim é feito. A moça não acredita e desliga o telefone.

Embora os mentirosos estejam mais preocupados no que se refere à linguagem corporal, as estratégias não diferem muito das pessoas que dizem a verdade. As pesquisas mostram que ambos tentam evitar movimentos exagerados. Outro recurso com que ambos se preocupam bastante é manter o contato visual com a pessoa a quem dirigem a palavra. Um dos mitos em quase todo o Brasil é o de que o mentiroso não olha para a pessoa. A timidez, o respeito e a hierarquia podem ser motivos para desviar o olhar. É muito raro que os subordinados encarem os chefes. Olhar diretamente para o interrogador tanto pode passar a mensagem de verdade como ser encarado como desafio e enfrentamento.

## SEJA BOM OUVINTE

Antes de qualquer coisa, ouça com atenção aquilo que o outro vai dizer. Não tire conclusões precipitadas, bem como não se apresse em fazer perguntas. Quanto mais tranquilo e confiante seu interlocutor estiver, melhor. Não leve para o lado pessoal aquilo que for dito a você, mesmo que sejam ofensas. Ao colocar sentimentos em qualquer tipo de interação, provavelmente será mais difícil manter-se isento em suas colocações.

Paul Ekman sinalizou em seus estudos a importância de estar atento ao impacto que o entrevistador causa na outra pessoa. A maneira de perguntar – se agressiva ou amena, próxima ou distante – terá vários efeitos sobre o outro e uma pergunta mal colocada pode estragar a entrevista, deixando-o mais tenso, nervoso ou reticente. Fazer perguntas em tom de acusação, assim como mostrar desconfiança no olhar e nas respostas, é um péssimo caminho para descobrir o mentiroso.

O ideal é tentar ser o mais neutro possível em qualquer situação, mas isso é muito difícil. Durante treinamentos, verifiquei o semblante de satisfação ou de raiva dos entrevistadores ao descobrirem as mentiras. O mentiroso, ao perceber isso, mudou imediatamente o tom da conversa.

Caso tenha dúvidas, prepare as perguntas com antecedência e faça o interlocutor falar. Embora a regra não seja lei, é muito simples: quanto mais se fala, maior é a possibilidade de mentir.

Espere um bom momento para fazer as perguntas certas. Lembre-se de que no almoço somente fiz a pergunta que desejava na hora da sobremesa. Os assuntos triviais desviam a atenção do mentiroso e, quando a pergunta desejada for feita, ele é pego de surpresa e não tem tempo de elaborar respostas.

Tente conjugar a expressão vocal com a verbal. Isso é muito importante, mas também difícil. A pessoa que se diz triste transmite sofrimento para os demais por meio da voz e da linguagem corporal. O rosto da pessoa e a postura não podem ser por demais contraditórias ao que se diz. Observe as nuanças: existe o choro de desespero, de alegria e de tristeza. O falso choro provavelmente é um dos sinais de mentira mais fáceis de ser observados.

Cuidado com o grande acréscimo de detalhes, que por vezes pode indicar mentira.

Quanto mais detalhes forem passados, mais complexa fica a trama e a dificuldade de "se encaixar" na história que está sendo contada. Em resumo, faça o mentiroso falar.

# A CREDIBILIDADE DA HISTÓRIA

Não acredite em tudo que dizem. Isso é verdade, especialmente diante de um mentiroso. Ninguém acreditou quando o ex-deputado João Alves disse ter ganhado dezenas de vezes na loteria. É uma façanha muito difícil. Porém, todos aceitaram como verdade os doutorados e as indicações ao prêmio Nobel que Omar Kayan afirmou ter em entrevista. Muitos mentirosos contam histórias sem avaliar se elas podem ou não ser conferidas.

O juiz aposentado Nicolau dos Santos Neto, o Lalau, foi condenado a 26 anos e meio de prisão pelos crimes de estelionato, peculato e corrupção. Desviou cerca de R$ 160 milhões da obra do Tribunal Regional do Trabalho de São Paulo. Ao ser descoberto e mostrar sinais de riqueza totalmente incompatíveis com seu salário de magistrado, disse que os bens que possuía eram herança do tio alfaiate.

Em termos judiciais, as histórias precisam ser provadas, mas em uma conversa normal você deve raciocinar rapidamente sobre se é ou não plausível.

## ESTABELEÇA O PADRÃO PESSOAL

Para saber se alguém mente, precisamos conhecer a maneira como ele diz a verdade, o que nem sempre é possível, pois nas palavras iniciais do primeiro encontro a pessoa já pode estar mentindo. É evidente que se você não for um policial ou agente de segurança não poderá avaliar de forma profunda nem mesmo parentes e amigos. Do contrário, você pode acabar de maneira ridícula, como Robert de Niro em *Entrando numa fria* (*Meet the parents*, 2000). No filme, ele faz o papel de um ex-agente da CIA que inferniza a vida do futuro genro, chegando ao ponto de utilizar o polígrafo no pretendente da filha.

A melhor forma de fazer que a pessoa fale a verdade é lançar perguntas para as quais você já conheça a resposta, como idade, nome da mãe, dos irmãos, cônjuge, local de nascimento, onde estudou, onde mora etc. Posteriormente, compare essas informações com os sinais de mentira. Deixe a pessoa o mais tranquila possível, pois quanto mais relaxada ela estiver mais fácil será para você observar tensões e variações na linguagem corporal quando o lado mentiroso se expressar.

Tenha em mente a "expectativa de resposta", ou seja, a pessoa provavelmente vai responder de determinada forma. Na entrevista do casal Nardoni dada ao programa *Fantástico*, da TV Globo, é possível perceber que não confessariam um crime tão hediondo.

A atriz Ciça Guimarães, cujo filho foi atropelado e morto no Rio de Janeiro, disse em uma entrevista que superará o trauma, mas a linguagem corporal mostrava exatamente o contrário. Nada mais natural do que a mãe que passa por tal situação, até mesmo de forma inconsciente, negar que consegue superar tal tragédia, embora a verbalização seja diferente.

## FAÇA PERGUNTAS SIMPLES E OBSERVE AS RESPOSTAS

O mais importante é reconhecer que qualquer tipo de pergunta – e até mesmo o seu olhar – influencia o comportamento do mentiroso. Por isso, ao realizar as perguntas, não seja ofensivo nem parta para o confronto direto. Não queira mostrar superioridade ou pleno domínio das ações.

Quando desejar conhecer determinados detalhes ou avaliar contradições, faça as perguntas sugeridas por Joe Navarro, especialista em comportamento e ex-agente do FBI, no livro *What every body is saying*: "Não entendi", "Poderia me explicar de novo como aconteceu?"

No início, faça perguntas simples para que as respostas sejam verdadeiras. O cérebro vai se acostumar com elas. Ao dar respostas verdadeiras, o mentiroso se sente mais confiante, e quanto mais isso acontece mais aumenta a probabilidade de ele apresentar sinais de mentira quando a pergunta não lhe interessar. Lembre-se de que não está fazendo um interrogatório com seu amigo, namorada ou cliente, apenas deseja ver se aquilo que a pessoa em questão diz é mentira.

As respostas verdadeiras vêm rapidamente, pois estão ligadas à memória. O mentiroso precisa elaborar em poucos segundos sua história, portanto um tempo maior para responder pode significar mentira. Porém, as pessoas costumam ter dificuldade de se lembrar de alguns fatos, em especial quando pressionadas.

No que se refere ao comportamento verbal, existem diferenças marcantes entre o mentiroso e a pessoa que diz a verdade. No primeiro caso, a estratégia é manter uma história simples (cerca de 40% relataram ter usado essa estratégia); no segundo, a ideia central é manter a história real (cerca de 50%).

Há uma piada magistral contada pelo falecido humorista Costinha: o marceneiro foi chamado para consertar o armário em uma casa ao lado do trilho da Central do Brasil, no Rio de Janeiro. Depois de tentar consertar o móvel várias vezes, disse à dona de casa que precisava entrar no guarda-roupa para visualizar em que local o parafuso se soltava quando da passagem do trem. Após alguns minutos lá dentro, o marido apareceu:

– O que você está fazendo dentro do guarda-roupa de minha esposa? – perguntou gritando.

– Olha, moço, se eu disser que estou esperando o trem passar, você não vai acreditar.

O bom mentiroso descreve histórias cujos fatos têm ligação e torna os acontecimentos plausíveis; não existem ambiguidades significativas.

## Mudança de assunto

Leve a conversa para "determinada esquina" e fique ali por um tempo. Quando a pessoa estiver confiante, mude completamente de assunto. Durante todo o almoço, conversamos trivialidades das mais diversas; Cláudia falou sobre suas duas paixões, moda e gastronomia, e eu mencionei música e viagens. Como é mais fácil observar o mentiroso quando ele conta a mentira pela primeira vez, mudei de assunto sem que esperasse. A minha ideia de falar exatamente sobre livros veio da obra *Como falar dos livros que não lemos*, de Pierre Bayard, psicanalista e professor universitário.

Nas considerações de Umberto Eco, "não se trata de como saber se devemos ler um livro ou não, mas de como se pode falar tranquilamente de um livro que não se leu, mesmo de professor para estudante, e mesmo se tratando de um livro de importância extraordinária".

O ponto crucial, para Bayard, é a classificação crítica. Ele afirma, sem o menor pudor, nunca ter lido *Ulisses*, de James Joyce, mas poder falar sobre ele aludindo ao fato de que se trata de uma retomada da Odisseia (que ele, aliás, admite não ter lido por inteiro), que se baseia no monólogo interior, que se passa em Dublin em um único dia etc. Assim escreve: "Portanto, em meus cursos, acontece com certa frequência que, sem pestanejar, eu mencione Joyce". Segundo Umberto Eco, conhecer a relação de um livro com outros não raro significa saber mais sobre ele do que o tendo lido.

No caso de Bayard, talvez ele não tenha lido os livros que cita, mas na história do almoço que abre este capítulo a mentira foi explícita, pois tanto o autor como a obra nunca existiram.

## RECONHEÇA AS "MENTIRAS DESVIADAS"

Fique atento às "mentiras desviadas": a pessoa responde com uma verdade, mas esta não tem nenhuma ligação com a pergunta.

No programa *CQC (Custe o que Custar)*, da TV Bandeirantes, o repórter Danilo Gentili perguntou ao senador Eduardo Suplicy, que estava ligado a um polígrafo, se o "Mensalão existiu ou não". A resposta foi desviada: "O caso está sendo julgado pelo STF". Teoricamente, ele disse a verdade, contudo Gentili solicitou que ele respondesse sim ou não.

## OBSERVE AS PALAVRAS, ANALISE O CONTEÚDO

Um dos objetivos deste livro é mostrar como se faz a análise do conteúdo, técnica que pode dar boas pistas sobre a mentira. Observe com atenção as palavras e o vocabulário do mentiroso. Tempos verbais, entonação de certas palavras, pausas etc.

No que se refere ao conteúdo, você deve analisar aquilo que os psicólogos chamam de "comparações ascendentes". Quando a pessoa se compara aos demais sempre em qualidade e quantidade, tende a sobressair. Em geral, o mentiroso destaca capacidades e qualidades que não possui.

A comparação ascendente é quase sempre falsa. Em geral, o adolescente, quando se compara com outros, acrescenta pequenos dados, que são chamados por Robert Feldman de "mentiras cosméticas" – aquelas que visam aumentar o próprio valor da pessoa. Quando políticos de todos os matizes e partidos comparam suas realizações, é certo que falseiam dados estatísticos e agregam obras que não fizeram.

## Peça para que a história seja recontada

"Quem conta um conto aumenta um ponto." Se tal afirmação é verdadeira, cada vez que o mentiroso conta uma história tentará acrescentar algo a ela para que o outro acredite ainda mais nas suas mentiras. Muitos mentirosos nem se lembram da versão anterior, tal é o descaramento nas mentiras. Quando pedimos para recontá-las, é normal que apareçam os mais diversos tipos de omissões, acréscimos e até mesmo mudança de nomes, datas, horas etc.

Uma boa técnica é solicitar que o mentiroso conte uma história que acabou de descrever como verdade de trás para a frente. Se o caso for verdadeiro, fica mais fácil retroceder. Contudo, se for mentira, algum tipo de confusão aparecerá. Um modo de retardar isso é passar a culpa para o entrevistador: "Você já sabe da história, portanto não preciso contar novamente", "Você está me confundindo", "Você pede tantas informações que eu acabo me enrolando todo".

## Respeite as pausas

Não tente entrar diretamente nas questões, é o caminho mais curto para prevenir o mentiroso. Deixe a conversa fluir da melhor maneira possível, pois ele precisa achar que tem o controle da situação. Não faça as perguntas capitais em sequência, pois o estresse será grande e você não vai conseguir as informações que deseja.

Na década de 1970, com a crise do petróleo rondando o mundo, o governo francês contratou uma empresa que dizia desenvolver pesquisas para encontrar petróleo com radares extremamente poderosos, no mar ou em terra.

Depois de alguns anos e 100 milhões de dólares gastos, os resultados foram pífios. Então, representantes do governo resolveram fazer uma inspeção no laboratório da empresa. Foram recebidos com a notícia de que os cientistas já conseguiam ver através de paredes. Ofereceram ao chefe da delegação uma régua de metal, que deveria ser colocada atrás de um armário. O aparelho mostraria a régua e assim estaria provado que a tecnologia existia, faltando apenas ampliar seu alcance.

O observador colocou a régua atrás do armário e, segundos depois, o monitor do aparelho mostrou o objeto na tela. Mas o brilhante golpe preparado com antecedência não funcionou. Ao colocar a régua, sem que os falsários percebessem, o representante do governo francês a dobrou. Na imagem exibida na tela, porém, a régua estava intacta. Praticamente sem dizer uma palavra desmontou-se um esquema de 100 milhões de dólares.

## Um possível indício de mentira

A história contada pelo mentiroso também deve ser passível de verificação, especialmente porque estamos procurando sinais de mentira não só no plano corporal, mas também no verbal.

Eles se apoiam em histórias verdadeiras e mentem apenas nos trechos que lhes interessam. É normal que criem enredos completos, do começo ao fim, tentando amarrar todos os pontos que possam gerar desconfiança ou deixar o outro intrigado. É uma forma de tentar se livrar, por antecipação, de futuras perguntas.

Ao criar estratagemas, entretanto, eles podem ser pegos na mentira. Um deles é a "ponte de texto": o mentiroso acelera a ação para omitir aquilo que lhe interessa. Pula as partes que acha mais conveniente e então aparecem vários vácuos na história. Esse *gap* é facilmente percebido por policiais experientes quando interrogam criminosos. Retardar o interrogatório é uma forma de ganhar tempo para tornar a mentira mais sofisticada.

Os detalhes mais negativos quase sempre são omitidos. O mentiroso procura mostrar o mundo ou os fatos de forma perfeita. Assim, desconfie quando o que ele diz está muito certo.

## Os detectores de mentiras

Ao longo da evolução humana, criamos centenas de aparelhos, máquinas e instrumentos para melhorar nossa qualidade de vida. Não inventamos máquinas para medir sentimentos, como amor, alegria, raiva etc. A máquina para descobrir mentiras talvez seja a única aperfeiçoada todos os dias. Empresas gastam milhões de dólares para criar um aparelho que identifique mentiras de modo preciso. Grandes corporações e governos investem milhões de dólares comprando essas máquinas e treinando pessoal. Os resultados nem sempre são os ideais. Ao contrário, o esforço é muito grande e as metas nem sempre são atingidas, pelo menos por enquanto.

O primeiro aparelho criado para descobrir mentiras no ser humano foi o polígrafo. Na realidade, ele não observa mentiras e sim reações fisiológicas da pessoa que é submetida ao teste. Muitos especialistas dizem que a capacidade do polígrafo está intimamente ligada à pessoa que realiza o teste.

Suas origens remontam à China antiga. Para saber se o acusado mentia ou dizia a verdade, colocavam-no diante do imperador. Nesse momento, um médico punha a mão no lado esquerdo do peito do acusado. A aceleração nas batidas cardíacas era considerada um sinal de mentira.

No final do século XIX, o médico italiano Cesare Lombroso descreveu pela primeira vez o uso de um aparelho que detectava alterações no sangue em casos criminais. Quando foi testado em um acusado de roubar 20 mil francos em um assalto, Lombroso conclui pela inocência do suspeito. Contudo, este havia cometido uma série de outros crimes.

Ao mesmo tempo, o psicanalista italiano Vittorio Benussi da Universidade de Graz, na Áustria, publicou em 1914 o artigo "Die Atmung symtome der luge" [Os sintomas respiratórios da mentira], em que relatou o uso da "inspiração/expiração" como meio de detectar mentiras. O detector de mentiras foi inventado por John A. Larson em 1921. Media a pressão arterial, a pulsação e o ritmo de respiração. O corpo era ligado a sensores e, antes de concluir se a pessoa estava mentindo, o especialista fazia alguns testes para tomar como base seus padrões corporais e psíquicos. O nome do procedimento era detecção psicofisiológica de fraude.

O princípio dos aparelhos da atualidade é o mesmo de seus primórdios, mas foi bastante aperfeiçoado. Eles são compostos de três instrumentos: o pneumógrafo, que mede as variações na respiração; o cardiosfigmômetro, que visa avaliar a tensão arterial e o ritmo da pulsação; e o galvanômetro, que avalia a transpiração por meio de uma corrente elétrica de baixa intensidade na pele: quanto maior o suor, menor a resistência da eletricidade.

A maioria dos pesquisadores concorda que os princípios estão corretos. Ao mentir, a ansiedade aparece em diversos graus, dependendo do indivíduo. Assim, se conseguirmos controlar corretamente a ansiedade e a respiração, daremos o primeiro passo para enganar o polígrafo. Hoje já se sabe que com treino isso é possível.

Estudos na Academia Nacional de Ciências dos Estados Unidos mostram que o polígrafo tem entre 85% e 89% de confiabilidade, mas é pouco preciso quando se deseja produzir provas criminais.

Algumas dicas para enganar o aparelho vão de tomar remédios relaxantes antes do teste até passar creme no corpo, não dormir etc.

O médico Archibald Levey, do Conselho de Investigação Médica da Inglaterra, relata que o polígrafo pode ser enganado de duas maneiras: aumento da respiração e da tensão arterial nas perguntas a que se deseja responder de forma verdadeira ou diminuição da respiração e da tensão arterial quando se pretende mentir.

No Brasil, desde 2002, uma lei, de autoria do então deputado federal Paulo Paim, proíbe o uso do polígrafo em trabalhadores.

Recentemente, o psiquiatra Daniel Langleben, da Universidade da Pensilvânia (Estados Unidos), que utilizava a ressonância magnética para estudar crianças com transtorno do déficit de atenção com hiperatividade (TDAH), descobriu que a mentira ativa regiões no córtex pré-frontal. Sabe-se que as crianças não são capazes de mentir. Posteriormente, Scott Faro, da Universidade de Temple (Estados Unidos), descobriu que outras regiões do cérebro são acionadas durante o ato de mentir.

Depois dessas descobertas, a mentira passou a ser pesquisada com a aplicação de ressonância magnética. Existem resultados promissores, mas não conclusões, devido à grande margem de erro que ainda acomete o processo. Uma das grandes dificuldades para a prática seria colocar a pessoa dentro de aparelhos e em determinadas posições para realizar o teste.

Outro método utilizado é o do escaneamento termal dos olhos. De acordo com a teoria, no momento da mentira a temperatura dos globos oculares aumenta. Câmeras especiais captam mudanças sutis nos olhos e nas áreas ao redor dele. Devido às alterações fisiológicas, elas se tornam mais quentes e mostram que a pessoa reagiu às imagens observadas. O método ainda não tem comprovação científica, mas se aperfeiçoado terá grandes vantagens sobre o polígrafo, pois não existe contato com a pessoa estudada.

Nessa linha, existe o chamado *eye tracking*, aparelho que segue o movimento dos olhos das pessoas e pode mostrar se elas já viram determinada imagem anteriormente. Os movimentos dos olhos são seguidos por luzes infravermelhas e um programa desenvolvido para tal identifica se as imagens já foram vistas antes. Observam-se a direção do olhar, o tempo em que se detêm em certo ponto etc. Segundo os peritos, o acerto chega a 85%.

## USO DE SUBSTÂNCIAS PSICOTRÓPICAS

O nome "soro da verdade" é utilizado para as drogas que tiram da pessoa a capacidade de responder a perguntas de modo restritivo. Ao longo da história, foram utilizadas diversas drogas, como o pentotal sódico, o sodiopentatol, o amital sódico, o amobarbital sódico etc. No ano de 1936, o dr. Stephen Horsley deu início à narcoterapia com o pentotal sódico EV lento. Essa substância quebrava a inibição dos pacientes e disso resultou o nome de "soro da verdade".

Em 1942, os americanos desenvolveram outras substâncias para ser usadas pelo Escritório de Serviços Estratégicos, que lidava com prisioneiros de guerra e espiões. Tratava-se de um extrato de maconha que se chamou TD (*truth drug*, droga da verdade em inglês). A Central de Inteligência Americana, que foi criada a partir do Escritório de Serviços Estratégicos, utilizou o LSD como soro da verdade durante a Guerra Fria.

Posteriormente, usaram o *ectasy* (metilenodioximetanfetamina ou MDMA), substância criada em laboratório pelos químicos alemães G. Mannish e W. Jacobson, em 1910.

De certa forma, todas essas substâncias não se mostraram suficientemente confiáveis e hoje a utilização é considerada pela Anistia Internacional uma forma de tortura.

## ANÁLISE DE VOZ

A maioria dos aparelhos desenvolvidos é usada para analisar o nível de estresse expresso na voz durante o interrogatório. Essa tecnologia começou a ser utilizada no início dos anos 1970. Apesar de populares, a National Academy of Sciences dos Estados Unidos mostrou que a maioria desses aparelhos não consegue avaliar a mentira de modo cientificamente consistente. Muitos críticos alegam que a pessoa é capaz de confessar com mais facilidade quando está diante de um desses dispositivos em uma delegacia de polícia. Mais ainda, o policial está preocupado com a confissão e não com a precisão científica do aparelho. Os que são a favor da análise de voz afirmam que a tecnologia está evoluindo rapidamente e que os novos aparelhos são muito mais precisos e sensíveis que os anteriores.

## Análise de Conteúdo

Trata-se da avaliação do conteúdo das palavras, das sequências, dos tempos verbais, da utilização dos pronomes etc. O goleiro Bruno, acusado de matar sua amante, na primeira declaração à imprensa, em uma entrevista improvisada, disse: "Estou muito preocupado por ela ter *sido* desaparecido".

A análise desse conteúdo é importante, pois ninguém sabia se a jovem estava morta. "Por ter sido" seria um dos indicativos de que Bruno estava mentindo, pois se referiu a ela no passado e com dois verbos totalmente contraditórios. Para os especialistas em linguagem corporal, a utilização do método de análise com a observação facial e corporal leva a resultados extremamente convincentes. O principal obstáculo nesse caso é o treinamento e a experiência do especialista. São necessários alguns anos para chegar ao ponto ideal.

No Brasil, nenhuma das tecnologias citadas neste capítulo teria eficácia jurídica, pois a lei brasileira diz que ninguém pode produzir provas contra si mesmo.

# 18. As mentiras e o corpo: linguagem corporal e microexpressões

O ex-agente do FBI Joe Navarro, com mais de 30 anos de pesquisas e atuação prática na busca de mentira em criminosos, disse em entrevista à revista *Veja* que se sentira frustrado, pois não era capaz de pegar 10% dos mentirosos. Explicou que essas pessoas enganam agentes e polígrafos, além de camuflar os sinais típicos da mentira. Segundo o ex-agente, no entanto, são raras as pessoas que conseguem tal fato – cerca de uma centena. Muitos autores, como Robert Feldman, apresentam números que vão contra as palavras de Navarro. Todavia, essa é uma controvérsia que não tem fim.

O objetivo de muitos pesquisadores é encontrar padrões nas respostas dos mentirosos, em especial no que se refere a linguagem corporal, facial, mudança e variações na voz. Mas nem sempre as respostas seguem determinados padrões.

Para Miron Zuckerman, Bella DePaulo e Robert Rosenthal, vários aspectos influenciam na variação das respostas dos mentirosos. O aumento das emoções ou carga cognitiva é uma tentativa de controlar seu comportamento.

Essas tentativas de ocultar as mentiras aparecerão no corpo de várias maneiras: no timbre da voz, nas variações de entonação, nos olhos, na respiração, no rubor ou na palidez, nos movimentos das mãos, da cabeça, do tronco e das pernas, no ritmo das palavras, na postura, nas expressões e microexpressões faciais, no suor da face, das mãos, do corpo etc.

A quantidade de informações é enorme e, se não soubermos fazer uma triagem de modo adequado, certamente não conseguiremos avaliar as mentiras que são contadas.

O próprio Joe Navarro desenvolveu um método para descobrir mentirosos. Consiste em observar as sensações de bem-estar e de incômodo nos interrogados. Segundo ele, quando dizemos a verdade, não nos preocupamos, ao contrário do que ocorre quando mentimos.

No primeiro caso (bem-estar), a pessoa sincera mostra seu corpo abertamente. Exibe o torso e a parte interior dos braços e das pernas, permitindo acesso ventral ou frontal. No segundo, o incômodo prevalece. O mentiroso transpira demais, o coração acelera e a respiração se torna mais rápida. São sinais fisiológicos da estimulação do cérebro límbico, responsável pela sobrevivência ao longo de milhares de anos. Tais reações são fisiológicas e independentes do pensamento. A pessoa move o corpo na tentativa de se distanciar ou bloquear o acesso do interlocutor, se mexe na cadeira, se contorce, estala e/ou tamborila os dedos etc.

Paul Ekman afirma que grande parte das pessoas presta atenção nas fontes menos fidedignas para captar a mentira: as palavras e as expressões faciais. Disso resulta grande quantidade de erros nas interpretações. Assim, as informações corporais são igualmente importantes, inclusive na mentira verbalizada.

Segundo Paul Ekman, o mentiroso tenta controlar as palavras e o semblante muito mais que a voz e o resto do corpo. Contudo, diz ele, ocorrem mais indícios de mentira no rosto do que na voz, pois esta está ligada diretamente às áreas do cérebro vinculadas às emoções.

Num rápido resumo, pode-se dizer que a mentira aparece na voz, no rosto e no corpo. O mentiroso tenta esconder a mentira primeiramente com a voz, depois com a face e por fim com o corpo. Mas não consegue controlar todos esses elementos ao mesmo tempo. Quando se preocupa com um deles, outra parte fica vulnerável, deixando vazar a mentira. Quanto mais ele se preocupar com a voz e com o semblante, mais o corpo demonstrará as contradições da mentira que está proferindo.

As contradições entre o que se diz e como o corpo se expressa são notadas com relativa facilidade. O mentiroso pode emitir palavras de raiva, ódio e indignação, mas o corpo nem sempre é capaz de demonstrar tais emoções. O ritmo das mãos destoa daquilo que se diz. Ao mostrar indignação, por exemplo, a pessoa diz "Basta" e tenta dar um soco na mesa. Como não existe sincronia, o soco é proferido alguns microssegundos depois e não conjuntamente, como deveria ser. O mesmo ocorre com os discursos. As mãos e os gestos corporais ficam defasados da fala quando a mentira é dita. Por isso, é comum alguns mentirosos diminuírem os movimentos dos braços e das mãos ao mentir.

## MICROEXPRESSÕES

No meu livro *Linguagem corporal*, escrevi que microexpressões são movimentos faciais rápidos e involuntários. Ocorrem quando a pessoa tenta ocultar ou reprimir determinadas emoções, em situações de alta tensão ou estresse constante, como em interrogatórios, entrevistas de emprego e momentos embaraçosos. Se as pessoas conseguem fingir certas emoções, são poucas as que alcançam sucesso ao tentar esconder as microexpressões.

É muito difícil movimentar e controlar determinados músculos faciais. Nem mesmo atores experientes conseguem fazê-lo. As expressões faciais podem ser voluntárias e involuntárias.

As microexpressões são observadas no movimento ao redor dos olhos e nas tensões dos olhos, dos lábios e ao redor deles. Uma microexpressão dura em torno de 1/25 segundo, sendo por isso difícil avaliar a maioria delas. Diversos fatores devem ser levados em conta:

- os interlocutores estão em pleno movimento;
- a face muda de lado, principalmente quando existem mais de duas pessoas conversando;
- a iluminação pode influir de forma decisiva na observação;
- há pouco tempo para perceber os movimentos localizados na face.

As microexpressões não são simétricas, ou seja, ocorrem de maneira distinta em cada lado do rosto. Durante o movimento de sobrancelhas, por exemplo, se se observa a face lateralmente, dependendo da posição perdemos grande parte das microexpressões, o que compromete a avaliação. Logo, as circunstâncias que ocorrem ao nosso redor, como luz, sombra e conversas, têm importância capital.

Algumas microexpressões indicam que a pessoa tenta esconder suas verdadeiras emoções, o que nem sempre quer dizer que esteja mentindo. Ela pode tentar esconder sentimentos de tristeza para demonstrar força de vontade em situações críticas.

Os estudos pioneiros nesse campo datam de 1966, com E. A. Haggard e K. S. Isaacs. A experiência conduzida por ambos filmou pacientes e terapeutas durante as sessões de análise. A pesquisa visava procurar elementos da linguagem corporal nessa interação. As observações iniciais foram chamadas de "*micromomentary*". (Anteriormente, no ano de 1960, o pesquisador William S. Condon fez estudos com o que chamou de micromovimentos inter-racionais. A pesquisa mostrava quadros de 1,25 segundo , ampliando-os para que pudessem ser analisados os microrritmos entre pessoas.)

O estudo com casais conduzido pelo psicólogo John Gottman, da Universidade de Washington (Estados Unidos), na década de 1990, é considerado um dos mais importantes. Observando os parceiros, ele podia concluir se as relações durariam ou não. Além do desprezo, que considera a principal característica, Gottman observou outras três: posição defensiva, embromação (*stonewalling*) e crítica. A experiência é descrita por Malcolm Gladwell no livro *Blink – A decisão num piscar de olhos*.

Sabe-se que a maioria das pessoas não consegue observar e avaliar as microexpressões de forma idêntica. A percepção não é a mesma e depende de fatores culturais, vivências, conhecimentos, estudos. Também é correto afirmar que uma ínfima parte da população tem aptidão natural para observar microexpressões em vários graus, sem qualquer tipo de treinamento ou conhecimento.

Paul Ekman e Maureen O'Sullivan, no projeto "Diógenes", concluíram que poucas pessoas são hábeis para detectar que outra está mentindo. Talvez seja fruto da evolução, pois se todos fossem capazes de identificar mentiras o nível de conflitos impediria a convivência pacífica. Conforme já mencionei, o viés da verdade está sempre presente nas relações interpessoais.

## A VOZ

Primeiramente, vamos analisar a voz, sendo essa análise diferente do estudo das palavras. De modo quantitativo e qualitativo, a voz envia menos informações que as palavras, assim como o corpo envia menos dados que o rosto. Porém, a voz é o centro da mentira e não deve ser desprezada. Aliás, nenhuma informação é desprezada quando se observam mentiras. Preste especial atenção ao tom, à modulação, à postura e ao timbre da voz. Vacilações, erros, pausas e gaguejamento são outros detalhes que devem ser observados. Mas cuidado: os indivíduos nervosos costumam apresentar alguns desses sinais e nem por isso estão mentindo.

Pausas longas, especialmente entre palavras e antes de começar a frase, são indícios de mentira. O mentiroso pego de surpresa precisa de tempo para elaborar respostas. Murmúrios e grunhidos são outros indicativos.

Quando o mentiroso se perturba emocionalmente, aparecem sinais de tensão na voz; o corpo acusa medo, raiva e, segundo Paul Ekman, às vezes tristeza e pesar. Convém lembrar que alguns estudos apontam que a raiva e o medo tornam a voz mais aguda e forte. Fica claro que são apenas sinais a ser interpretados, não sendo estes necessariamente indicadores de mentira.

Ao ser acusado de corrupção pelo deputado Roberto Jefferson, o deputado Valdemar Costa Neto reagiu com grande indignação durante o depoimento. O tom de voz era carregado de estresse, tensão e raiva – nada mais natural –, mas também havia medo. Era óbvio que mentia.

A pessoa que diz a verdade e é questionada certamente ficará ansiosa, com medo e tensa. A raiva aparecerá porque ela não acha correto ser questionada por algo que não fez. Certa vez, notei todos esses sinais ao questionar uma pessoa, mas a maneira como ela descrevia os acontecimentos tinha coerência e, quando verificados, tais sinais provaram-se corretos. Porém, o medo e a raiva surgiam a todo momento. Depois de algum tempo, e quase por acaso, consegui concluir o porquê daquilo. Ela estava sendo interrogada por determinado motivo, mas seu medo era real porque escondia outro fato havia anos e temia ser descoberta.

Assim como erros, lapsos e omissões não provam que a pessoa está mentindo, a total ausência deles também não significa que o indivíduo esteja sendo sincero. O tom de voz pode permanecer o mesmo durante todo o tempo, sem qualquer tipo de oscilação. Em alguns casos, a pessoa sabe realmente controlar o tempo de voz e parecer impassível. Em outros, pode estar sob o efeito de calmantes.

## As palavras

No caso do goleiro Bruno, do Flamengo, entre os vários sinais corporais de mentira que transmitiu na frase "Estou muito preocupado por ela ter sido desaparecido", um deles ficou muito evidente para quem pesquisa a mentira: o ato falho. De forma inconsciente, ele deixou escapar o que não devia.

No livro *Sobre a psicopatologia da vida cotidiana*, publicado em 1901, Sigmund Freud chamou de ato falho (*Fehlleistung*, em alemão) ações inconscientes presentes em nosso cotidiano. Assim, nenhum gesto, pensamento ou palavra ocorreria de forma acidental. Já os ingleses utilizam a expressão *Freudian slip*. O ato falho difere do erro comum e, quando observado atentamente, revela características precisas da mentira.

Nem todo ato falho constitui em mentira. A pessoa muitas vezes apenas dá vazão àquilo que está reprimido. Uma técnica boa é observar exatamente a palavra ou as palavras proferidas no ato falho, além do momento e do contexto em que são ditas.

Em entrevista concedida em 2006, Lula disse que, em seu governo, todos os suspeitos foram afastados, o Ministério Público apurou tudo e "eu vou ser julgado" – quando na realidade queria dizer "eles serão julgados". O contexto pode ser analisado de pelo menos dois pontos de vista. De acordo com o primeiro, o presidente se sentia responsável por seus subordinados e pelo que acontecera; no segundo, sabia de tudo e seria julgado com os companheiros.

É evidente que o goleiro Bruno estava sob grande pressão da polícia e da imprensa, mas até aquele momento ninguém sabia se Eliza Samudio estava morta. Aliás, o corpo da jovem não apareceu até hoje. Basta observar a fala e perceber que ele provavelmente completaria a frase com a palavra "morta". Isso é apenas especulação, porém a análise tem de se basear em várias observações. O jogador estava mentindo, mas mentir por algum motivo é bem diferente de cometer um crime.

Em geral, os mentirosos se preocupam com várias coisas quando estão falando e acabam se esquecendo do conteúdo das palavras – o que às vezes origina "vazamento de informações", ou seja, frases ou palavras proferidas no fim do diálogo que explicam o teor da conversa. Nesse vazamento, o mentiroso é capaz de confessar a mentira sem querer. No caso de Bruno, o vazamento não chegou a ocorrer.

Na referida entrevista, ele foi evasivo em diversos momentos, o que não quer dizer que matou a jovem, mas que evitava responder diretamente às perguntas. Fez várias pausas e gaguejou inúmeras vezes, dando sinais de mentira.

Os lapsos de memória ocorridos com os mentirosos são observados com afinco. Expressões, como "Não me lembro", "Não estou certo", "Minha memória me trai", "Esqueci", "Não sei" etc. são comuns. Quando foi interrogado pela CPI do futebol, o técnico Vanderlei Luxemburgo "esqueceu" vários fatos.

É certo que nos esquecemos de fatos e dados quando estamos sob pressão, mas é praticamente impossível não nos lembrarmos de todos ou esquecermos somente aqueles que podem nos complicar.

Outras formas de indicar mentiras por meio das palavras são evasivas, respostas indiretas, dados estatísticos desencontrados ou alheios ao assunto abordado etc.

## Os olhos

Quero ressaltar mais uma vez que todos os especialistas em mentiras sabem que não existe um sinal específico no corpo humano que as identifique, mas reconhecem que os olhos relevam inúmeras características e transmitem as mais diversas informações ligadas à mentira.

De todos os órgãos dos sentidos, os olhos são os mais importantes, pois cerca de 80% das informações que recebemos são captadas por eles. A pupila é a abertura pela qual a luz entra para chegar até a retina. Com luz fraca, ela aumenta. Com luz forte, tende a diminuir, como forma de proteção.

Explicar as causas que levam a pupila a dilatar diante de algo que nos atrai não é o objetivo deste livro. Estudos revelam que a pupila chega a triplicar de tamanho quando observamos algo que nos interessa e diminui consideravelmente quando estamos irritados.

A dilatação máxima das pupilas das mulheres ocorre quando observam mães acompanhadas dos filhos; em ambos os sexos, as pupilas se dilatam quando se está diante de alguém interessante. Portanto, a combinação de pouca luz e interesses pessoais amplia a dilatação da pupila.

O homem é o único primata que apresenta o "branco dos olhos", o que é importante por mostrar o movimento ocular. Pesquisas demonstram que os povos ocidentais dedicam 61% do tempo de conversação observando o interlocutor. Quem fala tende a observar o outro entre 40% e 60% do tempo. Já o receptor utiliza 71% do tempo fixando os olhos no outro.

Ao redor dos olhos estão as pálpebras, encimadas por cílios curvos com bordas oleosas. Quando alguém pisca, umedece e limpa as córneas, o que auxilia a produção das lágrimas. Aumentar a quantidade de piscadelas indica ansiedade pelo que é observado.

O ser humano é o único animal que chora. Isso ocorre nos momentos de intensa emoção. A glândula lacrimal começa a produzir mais lágrimas do que pode drenar. Além de serem lubrificantes, as lágrimas têm função bactericida e protegem os olhos das infecções. O falso choro é um sinal de mentira. Como não existem lágrimas, o mentiroso tenta secar algo que não existe.

Na entrevista que deram ao programa *Fantástico*, da TV Globo, o casal Nardoni, acusado de matar a menina Isabella, se utilizou do falso choro inúmeras vezes. Mas, além da falta de lágrimas, não existia o sinal de angústia e tensão presentes em um pai cuja filha foi assassinada.

Os movimentos oculares ocorridos durante a comunicação entre duas ou mais pessoas recebem o nome de *occulesics*. A movimentação dos olhos é facilmente observada durante as conversações, mas isso não quer dizer que seja facilmente interpretada, em especial no que diz respeito às mentiras. Essa movimentação é rápida e dura frações de segundos. Somente câmeras especiais são capazes de observar tais variações. Portanto, deve-se evitar tirar conclusões precipitadas.

O antropólogo britânico Desmond Morris diz que "não há uma, mas várias razões que talvez nos levem a olhar para alguém e várias outras que talvez nos levem a olhar em outra direção".

A maioria dos seres humanos tem enorme dificuldade de encarar seus semelhantes. Quando ficamos cara a cara com alguém, desencadeiam-se movimentos oculares dos mais variados tipos, assim como outras reações corporais.

Pessoas tímidas costumam evitar olhar diretamente nos olhos de outras e isso nem sempre é sinal de mentira. Subordinados e indivíduos mais humildes ou de níveis hierárquicos diferentes também tendem a não encarar seu interlocutor. O subordinado tende a baixar os olhos diante do superior, especialmente se há algum problema ou se ele espera ser repreendido.

No caso do jogador de futebol Somália, que inventou um falso sequestro para justificar a ausência no treino, foi possível perceber a mentira observando seu olhar. Antes de a farsa ser descoberta, ele apareceu em frente às câmeras para dar uma entrevista. Durante as respostas, baixou os olhos, olhou para os lados e encolheu os ombros em vários microgestos.

O desvio de olhar, na realidade, mostra medo, sentimento de inferioridade. É o tipo de interpretação errônea que foi chamada por Paul Ekman de "equívoco de Otelo", correspondendo ao drama em que Shakespeare retrata o medo na face de Desdêmona como traição. Ela acaba morta pela percepção equivocada.

## Os movimentos oculares

O movimento ocular é importante para a observação de alguns sinais de mentira. O esquema descrito a seguir leva em conta pessoas destras e o ponto de vista é como se ela nos observasse.

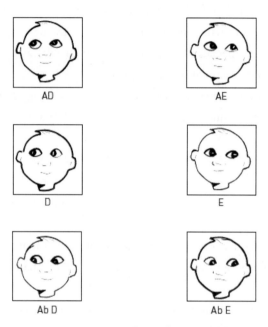

Fonte: Camargo, 2010, p. 65.

## Lado direito

AD – Acima e à direita. Construção mental de imagens – Imaginação

Os olhos se movem nessa direção quando desejamos criar uma imagem mental, o que requer criatividade. Quando o indivíduo pensa, por exemplo, em um saci-pererê branco, os olhos naturalmente se movem na direção indicada. A construção de imagens pode ocorrer antes que a mentira seja proferida. Caso a pessoa tenha visto anteriormente um saci-pererê branco, não vai criar imagens e sim recordá-las. O mentiroso, ao tentar inventar determinado fato, precisa criar – e, quanto maior o improviso, mais fácil se delatar.

D – Direita – Construção de sons – Expressão

Toda vez que a pessoa pensa em criar um novo tipo de som, os olhos se movem para a direita.

Ab D – Abaixo e à direita – Recordar sentimentos – Emoção

Quando os olhos se movem assim, tentamos recordar sentimentos, gostos, cheiros. Por exemplo, o cheiro da torta de maçã de nossa infância.

## Lado esquerdo

AE – Acima e à esquerda – Lembrança visual de imagens – Memória

Nessa situação, a criatividade é dispensável, pois o concreto faz-se necessário. Por exemplo, quando desejamos lembrar a cor de um carro ou a roupa do Papai Noel. O mentiroso também procura fatos concretos e recorre à memória para auxiliar suas mentiras, portanto olhar para esse lado significa que procura algo que realizou, observou etc. Mas, dentro de um contexto mais geral, isso pode ser apenas parte da história que conduzirá à mentira.

E – Esquerda – Recordar um som – Linguagem

Quando desejamos recordar um som já ouvido, os olhos se movem nessa direção, seja a música preferida, a buzina da ambulância ou a voz de um conhecido.

Ab E – Esquerda e abaixo – Diálogo interior – Lógica

Os olhos se posicionam assim quando o indivíduo deseja entrar em contato consigo mesmo, em um momento de reflexão ou isolamento. Evidentemente, a posição dos olhos não é estática. Além de movimentá-los, a pessoa realiza ao mesmo tempo vários gestos simultâneos. Volta a cabeça para o lado, para cima, coloca as mãos nos olhos, se volta para trás etc.

Alguns mentirosos tentam controlar os olhos. Se souberem que seu interlocutor conhece linguagem corporal, podem até fazer movimentos aleatórios e contrários ao que estão dizendo. A informação é transmitida intencionalmente de forma errada, fato que confunde muitos iniciantes na caça à mentira.

# O ROSTO

A maioria dos pesquisadores da linguagem corporal considera que no rosto reside o principal meio de constatar a mentira. De acordo com o dr. William E. Rinn, da Harvard Medical School and Spaulding Rehabilitation, o rosto humano reflete como o sistema nervoso está trabalhando. A quantidade de emoções que a face pode mostrar é ampla e cada um deles reflete o trabalho específico de determinados circuitos neurais.

Os rápidos e precisos movimentos dos lábios, as reações faciais ao gosto e ao cheiro, o semblante de perplexidade, a elevação da sobrancelha diante de uma saudação, as torções faciais e as expressões de várias emoções nada mais são que reflexo das diferentes combinações dos circuitos neurais.

Parece óbvio que, ao mesmo tempo que tenta encobrir a mentira com determinado sinal, o mentiroso deseja transmitir outras informações. Essa dupla tentativa muitas vezes ajuda o observador, mas também é capaz de convencê-lo ou de confundi-lo. As informações falsas passadas pelo rosto se mesclam às verdadeiras com espantosa rapidez, o que amplia a dificuldade de discernir entre ambas.

O rosto tem uma musculatura complexa, e muitas expressões podem ser intencionais. Se isso não fosse possível, não existiriam atores. Contudo, há expressões que não conseguimos controlar, pois determinados músculos são involuntários.

O rosto do mentiroso transmite diversos sinais. Além da rapidez do movimento dos músculos, várias emoções podem se suceder ao mesmo tempo: raiva, surpresa, medo etc. Por mais que se aprenda desde a infância a controlar essas emoções, muitas aparecem em forma de microssinais.

Em uma festa de casamento, observei que a noiva perguntou a uma grande amiga se esta havia gostado do bolo. A amiga disse que o doce estava espetacular. Mas, saída de um rigoroso regime, no qual abandonou o açúcar quase por completo, seu rosto exprimiu a microexpressão de nojo, o que denotou que ela mentia. Quando os gestos são contrários ao que a pessoa diz, quase sempre ela está contando uma mentira.

Em outra festa, o garoto Rodrigo agradeceu a anfitriã e recusou mais um pedaço do delicioso bolo, embora suas mãos estivessem com a palma voltada para cima – quase em forma de súplica – e os olhos e a boca abertos. O interesse era evidente, porém a educação familiar fez que de início ele recusasse a oferta. Apenas mais uma insistência foi o suficiente para que o menino se entregasse à guloseima.

## Os sinais corporais

A regra básica é que não devemos nos fixar em determinada parte do corpo para procurar mentiras. Embora às vezes nos detenhamos somente na face, o ideal é não perder nenhum movimento. Não se trata de tarefa fácil, mas o tempo e a experiência são fatores que potencializam o conhecimento. Também é certo que muitas vezes o mentiroso dá mostras de suas mentiras de modo mais visível.

Embora antes de Paul Ekman alguns pesquisadores estudassem as emoções ligadas à linguagem corporal, foram os trabalhos desse autor que abriram as portas da comunidade científica para o tema. Anteriormente, os estudos não eram levados a sério.

Os gestos são classificados pelos pesquisadores de diversas formas. Paul Ekman e Wallace Friesen (1969) classificaram-nos em três categorias: "emblemas", "ilustradores" e "adaptadores".

### Emblemas

"Emblemas" são atos não verbais que têm uma tradução verbal específica. Esse tipo de gesto é pouco utilizado em grupo, sendo mais frequente quando o silêncio é necessário ou quando queremos conversar com alguém que se aproxima mas estamos falando com outra pessoa.

Também chamados de gestos autônomos, são atos não verbais que levam a uma interpretação verbal direta, podendo representar uma palavra ou até mesmo uma frase. Esses gestos podem não ter ligação com a comunicação verbal propriamente dita.

Normalmente são utilizados quando não conseguimos a conversação verbal considerada ideal, em virtude dos mais diversos tipos de bloqueios ou até mesmo da distância do interlocutor. Sabemos que ele não pode nos ouvir, por isso a necessidade de enviar um gesto emblemático para que receba a informação com toda a intensidade.

Muitos desses gestos são escolhas conscientes, como o de "dar uma banana", quando a pessoa cruza a mão em um cotovelo e com o outro braço ergue o punho. A mensagem passada é bem expressiva e não deixa dúvida quanto ao conteúdo. O que varia é a intensidade que se imprime ao gesto, que vai do desprezo à raiva.

O primeiro-ministro inglês Winston Churchill é famoso até hoje por ter usado o emblema do "V" de vitória ao levantar os dois dedos para cima. O mesmo sinal foi usado pelos *hippies* na década de 1960 para representar paz e amor.

Outro poderoso emblema foi a posição de punho fechado utilizado pelo líder Nelson Mandela, na África do Sul, na década de 1990. Mensagens fortes emitidas por um simples gesto.

## ILUSTRADORES

São os gestos mais comuns, em geral realizados pelos braços e pelas mãos. Costumam acompanhar e auxiliar a fala, e às vezes se acoplam a ela de maneira intensa, pois melhoram a comunicação e reforçam as informações que se deseja transmitir por meio da linguagem falada.

Por exemplo, fazer com as mãos uma bola e mostrar com o corpo como ela foi chutada é um gesto ilustrador. Há casos em que as pessoas gesticulam tanto que chegam ao exagero. Muitos tentam substituir a falta de melhor aprimoramento verbal com maior quantidade de gestos. Mas as pesquisas afirmam que nesses casos os gestos são complementos e não substitutos da palavra. O caçador de mentira observa se o discurso verbal concorda com o corporal. Caso sejam antagônicos, provavelmente a pessoa está mentindo ou em conflito com aquilo que diz.

## ADAPTADORES

São aqueles em que algumas partes do corpo travam contato com pessoas ou objetos e até mesmo com o próprio corpo. Indicam características pessoais e culturais e situações como ansiedade, nervosismo ou inibição, já que projetam tensões interiores.

Como características culturais, cada povo mantém diversas formas de contato interpessoal. Alguns chegam a se tocar, enquanto para outros isso é muito difícil, como veremos mais adiante.

Vários desses comportamentos adaptadores, inclusive os de cunho negativo, são inconscientes.

Existem três tipos de gesto adaptador. Os "autoadaptadores" ou "de autotoque" são utilizados para aliviar o nervosismo e para obter conforto e proteção – cruzar os braços, esfregar as mãos, acariciar os braços, os cabelos, a barba, alisar partes do corpo, passar a mão na testa, no rosto, arrumar o colarinho, a gravata etc. Mais adiante nos aprofundaremos neles. Quando a mulher para no sinal de trânsito e deixa que o cabelo caia sobre o rosto, impedindo que o motorista ao lado a observe, trata-se de um gesto defensivo, de quem quer evitar contato.

No caso dos "objeto-adaptadores" ou "toque-objetos", há manipulação dos mais variados objetos: lápis, caneta, cigarro etc. O intenso movimento do marido com a aliança no dedo indica preocupação com o relacionamento conjugal. Um dos mais conhecidos é tocar e ajeitar o relógio, o que mostra a inquietação com o tempo, pressa etc.

Já os "outro-adaptadores" envolvem ações que manipulam o outro. Um dos gestos mais comuns nesse caso é ajeitar a gravata, o paletó ou a roupa do interlocutor, assim como catar "fiapos" na roupa da pessoa com quem se conversa.

Alguns pesquisadores afirmam que o uso de adaptadores, especialmente os "autoadaptadores", deve ser evitado quando se está em contato com o público.

# 19. Resumo dos gestos e das mentiras

Os que desejam estudar a mentira devem ter em mente que a experiência é extremamente importante. Quanto mais prática, maior a possibilidade de acerto – em especial quando se trabalha com o pensamento de que o mentiroso está sempre um passo à frente. Mais que isso, é preciso lembrar que acusar alguém de mentiroso por um simples movimento é temerário. Na verdade, é o meio mais fácil de cometer injustiças.

Se por um lado a observação e o treinamento constante ampliam as habilidades para descobrir mentirosos, deve-se levar sempre em conta que eles também podem treinar e ganhar experiência mentindo. Quanto mais mente, mais aperfeiçoa suas técnicas. Contudo, a mentira às vezes recebe outros epítetos, como esperteza, sagacidade, capacidade de se livrar de situações críticas etc.

Diversos sinais podem, *a priori*, indicar mentira. O ex-agente do FBI Joe Navarro diz que quase todos os mentirosos tremem, levam as mãos ao pescoço, têm batimentos cardíacos acelerados e pupilas dilatadas, além de engolirem em seco.

Todavia, essas são demonstrações fisiológicas ligadas ao medo, em especial se o mentiroso se encontra sob pressão ou sente-se em perigo. Nesses casos, diz Navarro, a construção da mentira é um processo extremamente racional, engendrado na região da mente ligada à razão – e não às emoções.

Ao longo dos anos, inúmeros pesquisadores estudaram os mais diversos sinais de mentira. Alguns dos descritos a seguir estão longe de ser completos, mas atendem bem à maioria das situações. Ainda assim, nunca é demais ressaltar que os sinais não indicam a mentira diretamente.

## 1. LEVAR AMBAS AS MÃOS AO ROSTO

Chamo de "gestos de macaquinho" os sinais de ocultação que, em geral, são executados de maneira inconsciente: passar levemente os dedos nas sobrancelhas, esfregar os olhos como se estivesse limpando-os etc.

Em 2002, separatistas chechenos invadiram um cinema em Moscou e as forças especiais russas, numa ação desastrada, acabaram provocando a morte de quase 130 reféns. O então presidente russo Vladimir Putin, instantes antes de dar declarações oficiais a respeito do ataque, colocou as mãos nos olhos, o que indicou que seu discurso não seria verdadeiro. O mentiroso não deseja ver aquilo que está dizendo nem observar as reações de quem ouve a mentira.

Guilherme de Pádua, assassino confesso da atriz Daniela Perez, em entrevista ao *Programa do Ratinho* (SBT), por várias vezes passou os dedos nos olhos quando disse desejar o perdão da mãe da vítima. Além disso, respondeu a várias perguntas com as mãos na boca.

## 2. TAPAR A BOCA

Outros "gestos de macaquinho" consistem em ampliar o autocontato com o rosto. O mentiroso afaga o queixo, pressiona os lábios, coça a sobrancelha, alisa o cabelo, toca o lóbulo da orelha etc. O afago no queixo com os dedos e a palma da mão voltada para baixo mostra que o mentiroso pensa em levar o interlocutor "no gogó", ou seja, convencer pela conversa.

Outros gestos comuns são tocar levemente os lábios com as mãos, limpar os lábios com os dedos ou as mãos, colocar um lápis ou outro objeto diante da boca, como para se impedir de dizer algo. O mentiroso não deseja que os demais escutem a mentira que vai proferir ou está inseguro quanto àquilo que vai dizer. Nunca é demais repetir que tais gestos não indicam expressamente que o indivíduo está mentindo.

Cobrir a boca com a mão é uma maneira inconsciente de dizer "Cale a boca" a si mesmo. A pessoa reprime as próprias palavras, pois sabe que o significado delas não é verdadeiro. Isso também é feito de modo velado, ou seja, em vez da mão a pessoa usa o dedo indicador ou objetos, como um lápis.

Um único dedo colocado de forma vertical na boca indica que a pessoa precisa se controlar, ficar em silêncio; em outras palavras, deseja "ficar de bico calado".

No adulto, o dedo na boca é um gesto regressivo, um retorno inconsciente à primeira infância. Além de mentira, muitas vezes indica ansiedade, assim como roer unhas e objetos.

## 3. Sumiço dos lábios

Ainda com relação aos "gestos de macaquinho", o mentiroso dobra os lábios para dentro e os comprime de maneira intensa. Ao fazer isso, o mentiroso acusa de maneira negativa que a pergunta o atingiu. O mesmo vale para o cruzar dos braços: o mentiroso se fecha totalmente, não desejando que suas palavras saiam.

Tais gestos indicam que o indivíduo oculta algo ou não tem certeza do que vai responder – mais ainda, do que não quer responder. Por isso, fecha a boca e comprime os lábios. Quanto mais os lábios se comprimem, mais a face do mentiroso se torna ridícula, como se dissesse: "Você me deixou em uma situação constrangedora". Isso é reforçado quando a cabeça se encolhe entre os ombros.

## 4. Passar uma ou ambas as mãos nas orelhas

Os últimos "gestos de macaquinho" referem-se ao fato de que o mentiroso não quer ouvir aquilo que diz, e por isso tapa os ouvidos. Em determinados momentos seria demais tapá-los por completo, e o fato de passar a mãos nas orelhas também é percebido como sinal de insatisfação.

Outra variação desse gesto é o de levar ambas as mãos às orelhas e baixar a cabeça de modo ostensivo. Representa "Basta, não quero ouvir o que estou dizendo".

## 5. ESCASSO OU NENHUM CONTATO DIRETO NOS OLHOS (DENTRO DE UM CONTEXTO)

Aquele que não encara os demais nem sempre é mentiroso – talvez o problema seja timidez, insegurança, medo etc. Mas o medo de que as mentiras sejam descobertas faz que o mentiroso evite encarar quem o questiona. Muitos mentirosos, sabendo disso, fazem exatamente o contrário quando mentem: olham diretamente nos olhos da vítima na tentativa de fazer suas afirmações mais críveis.

## 6. DIFICULDADE DE DEFRONTAR E OBSERVAR DIRETAMENTE O OUTRO

Esse sinal segue a mesma linha do anterior, mas o tronco e a face não estão alinhados, de frente para o interlocutor. O mentiroso parece querer sair do local o mais rápido possível; os pés apontam para a porta ou até mesmo para a janela.

Certa vez entrevistei um candidato e a única escapatória era a porta do banheiro. Seu corpo se projetava para o cômodo toda vez que mentia. Contudo, é preciso ter em mente que em certas culturas ou regiões encarar os outros é considerado falta de educação, em especial quando existem níveis hierárquicos envolvidos. Baixar os olhos é sinal de submissão e respeito à autoridade do outro.

## 7. CONTROLE DOS MOVIMENTOS DOS BRAÇOS E DAS MÃOS

O mentiroso diminui de modo considerável a gesticulação, em contraste com os padrões que exibe quando diz a verdade. Os movimentos são escassos e controlados, pois o mentiroso não deseja se expor. As mãos ficam grudadas às pernas, nos bolsos, colocadas para trás etc. Muitas mulheres colocam as mãos unidas entre as pernas e inclinam levemente o tronco para a frente. Esses controles de movimento indicam necessidade da diminuição do espaço corporal. A pessoa pensa de modo inconsciente que quanto mais encolhida estiver menor ficará e mais fácil passará despercebida, mesmo estando diretamente na frente do entrevistador.

Os braços ficam cruzados em postura defensiva, aparecem alguns tremores nas mãos, mas isso também pode denotar apenas medo.

Ao nos envolvermos em uma conversa franca e natural, não percebemos como as mãos se movimentam. O mentiroso tenta controlar os próprios movimentos e, assim, deixa de "ilustrar" a fala com a gesticulação, pois não quer que suas ações transpareçam aos demais.

O gesto de encolher as mãos fica mais constante, enquanto os movimentos de gesticulação diminuem de maneira drástica. O mentiroso procura se esconder agarrando-se a objetos. As mãos são colocadas para trás ou nos bolsos de modo aflitivo – e às vezes fingido, como procurar a carteira, balançar moedas etc.

O mentiroso tenta construir, de forma consciente ou inconsciente, barreiras físicas entre ele e o outro; para tanto se utiliza de bolsa, revistas e outros objetos para afastar-se do indesejado.

## 8. Encolhimento: Cabeça afunda dentro dos ombros

Para alguns autores, o controle do movimento está ligado ao sistema límbico. Ao longo da evolução, o cérebro criou várias estratégias para a sobrevivência. Fugir, paralisar e lutar são as principais opções. Para não chamar a atenção dos predadores, permanecer imóvel diante do perigo talvez seja mais conveniente, pois lutar e fugir, em determinados casos, seria impossível. Encolher-se é um modo de chamar menos a atenção. O mentiroso que não pode fugir tenta se encolher de todas as maneiras quando profere suas mentiras.

Outras formas de retraimento são corpo encolhido, braços junto do plexo solar (centro do abdome), queixo baixo, pernas juntas e braços cruzados. Todos indicam tentativa de controlar as emoções: o mentiroso procura se fechar para o mundo exterior. O autoabraço e as carícias nos próprios braços são sinais de insegurança, necessidade de proteção, regressão e ansiedade.

## 9. Movimentos rígidos, tensos, repetitivos e mecânicos

Mãos, braços e pernas tendem a ficar encolhidos contra o corpo; a pessoa ocupa menos espaço. Esses gestos também estão ligados aos de paralisação. O exemplo é o mentiroso que está na "cadeira elétrica": as mãos se agarram aos braços da cadeira, seus pés se voltam para trás ou se entrelaçam com os da cadeira, o tronco se encolhe e os cotovelos ficam junto do corpo.

Os gestos repetitivos e mecânicos fazem parte da tentativa do mentiroso de convencer, em especial quando feitos na cabeça. Quanto mais intensos, mais indicam que o mentiroso não consegue manter o controle da situação. A irritação e o incômodo ficam mais evidentes.

## 10. Falta de sincronismo entre gestos e palavras

Em geral, falta sincronia no rosto do mentiroso: ele fala e depois faz o gesto. Quando se dá um murro na mesa, a percepção é a de que o gesto aparece no cérebro assim que é realizado. Contudo, existe um microtempo de diferença. Quando o gesto não está sincronizado com a fala, provavelmente o mentiroso está em plena ação. Assim, ao tentar demonstrar revolta, fala e, alguns microssegundos depois, faz o gesto de indignação correspondente.

O contrário nem sempre é mentira. Se a pessoa mostra sinais de irritação no rosto alguns segundos antes de falar, significa que se conteve antes de verbalizar.

A sincronia entre a fala e os gestos é observada em todo o corpo, porém o rosto, as mãos e os pés merecem atenção especial.

O caso mais fácil de observar é aquele em que o mentiroso profere palavras de indignação e, ao mesmo tempo, faz o gesto teatral de dar um soco ou tapa na mesa mas o soco sai alguns microssegundos depois da fala. A falta de sincronia assinala a mentira.

Muitos políticos, ao se defenderem de acusações no parlamento, não conseguem, por mais que tentem, sincronizar seus gestos com palavras de indignação.

## 11. Movimento de distanciamento do acusador

O medo do contato físico e da proximidade pode indicar mentira. Uma das técnicas utilizadas para descobrir o mentiroso é se aproximar o máximo possível durante a pergunta. Isso aumenta a ansiedade e os sinais de mentira podem aparecer. O mentiroso acredita que fica mais seguro à medida que se afasta do questionador. Isso ocorre não só física como verbalmente, quando ele tenta fugir do assunto.

O mentiroso quer se comprometer o menos possível e, quanto mais afastado estiver da pessoa à qual mente, melhor. Nunca é demais repetir que certos mentirosos se aproximam intensamente de suas vítimas.

O mentiroso que deseja se esconder utiliza todos os meios para tal. Portanto, o ideal é não deixar nenhum objeto entre você e a pessoa que for questionada. Certa vez, durante entrevista com um gerente, sempre que eu fazia uma pergunta ele colocava um objeto à sua frente – começou com alguns lápis e terminou juntando livros. Essas barreiras erguidas como posição defensiva mostram necessidade de se esconder dos questionamentos.

As mesas ocultam partes do corpo, especialmente os pés. É importante observar bem se a pessoa esconde as mãos por debaixo da mesa toda vez que diz algo. Caso consiga ver as mãos, se as palmas estiverem para cima ou voltadas para você, provavelmente o indivíduo não está mentindo. Caso estejam escondidas, fechadas e voltadas para baixo, redobre a atenção.

## 12. CORPO E MÃOS TRÊMULOS. ESCONDER AS MÃOS ATRÁS DO CORPO OU NO BOLSO

Ao tremer, a pessoa indica que a tensão que sente já ultrapassou os limites e não consegue mais controlar o próprio corpo. O mentiroso fará de tudo para não chegar a esse ponto, mas caso isso ocorra tentará ocultar de todas as maneiras. Também é normal que alguém que seja acusado injustamente fique nervoso, ansioso e tenso e trema diante das injustiças.

## 13. MOVIMENTOS DOS OLHOS PARA CIMA E À DIREITA

Ao olhar para cima e para a direita, o mentiroso deseja criar determinada imagem, e esse pode ser um dos sinais de mentira mais consistentes. Em certas pessoas, a cabeça gira para cima em sincronia com os movimentos oculares. Isso, em determinados casos, tem dupla função, pois o mentiroso desvia seu olhar do do outro.

## 14. DEMORA EM RESPONDER PERGUNTAS

Quanto mais demora a responder, mais necessidade o mentiroso tem de elaborar respostas. Faz isso tendo em vista ganhar tempo para mentir. O especialista em comportamento David J. Lieberman diz que a regra fundamental da velocidade está ligada a coisas intangíveis – atitudes ou princípios – em vez de fatos. Quanto mais tempo demora o indivíduo a responder se tem ou não determinado preconceito, maior a possibilidade de a resposta ser mentira. Aqueles que não têm preconceitos respondem mais rápido.

Ao tempo dedicado ao relato dos fatos também deve ser observado. O tempo que o mentiroso leva para criar álibis é facilmente notado.

## 15. Expressão corporal assimétrica na face

A face humana por si só é assimétrica, mas poucos percebem esse fato. Os movimentos faciais dos mentirosos são desequilibrados: um dos lados da boca sobe mais que o outro. O mesmo pode acontecer com as sobrancelhas. Às vezes, uma delas sobe e a outra fica imóvel.

Não é só a boca que mente, mas o corpo todo. Como é difícil que minta em conjunto, o movimento de determinadas partes contradiz aquilo que se diz.

## 16. Supressão das emoções faciais

Na tentativa de mascarar determinadas emoções é muito comum que a pessoa tente manter o semblante neutro e a expressão totalmente tranquila e relaxada, em especial diante de assuntos ou acusações graves.

A mãe que perde os filhos e tenta superar deseja se mostrar forte e confiante; para tanto, busca suprimir algumas emoções e verbalizar que tudo está bem. Mas não deve esconder todos os sentimentos, pois transmitiria a imagem de "fria" aos demais.

É natural ficar tenso quando se está sob pressão, agitado, irritado e preocupado. O ex-policial e advogado Mizael Bispo de Souza, acusado de matar a advogada Mércia Nakagima, respondeu a vários questionamentos de maneira quase impassível mesmo diante de uma acusação tão grave. Muitas de suas respostas eram mentiras. Porém, mesmo que as respostas dadas sejam falsas, não podemos acusar o ex-policial de ter cometido o crime.

## 17. Repetição das falas do interlocutor

Como não tem respostas concretas para as perguntas, o mentiroso repete as mesmas frases, de forma idêntica ou com pequenas variações. Isso era bem visível no saudoso personagem Rolando Lero, interpretado pelo brilhante ator Rogério Cardoso. Como nunca sabia nenhuma das perguntas feitas na Escolinha do Professor Raimundo, acabava repetindo as palavras do mestre. Essa também é uma forma de prolongar a conversação para encontrar a resposta que se julga adequada ou desviar do assunto sub-repticiamente.

## 18. OMISSÃO DE ASPECTOS NEGATIVOS, EM ESPECIAL SE FOREM NOTÓRIOS

Como não quer se comprometer, o mentiroso evita assuntos que considera ruins para a compreensão de seus argumentos. Certa vez, observei uma senhora acusada de matar o marido. Segundo o depoimento, o mundo em que viviam era um completo paraíso, sem brigas, conflitos, vida sexual exuberante, amigos etc. Quando tudo está correto demais e se encaixa perfeitamente na descrição de determinado fato ou acontecimento, existe algo de errado. Posteriormente, a mulher acabou confessando. Entre as mentiras, revelou que havia mais de dois anos não tinha relações com o marido, somente com o amante.

## 19. ACRÉSCIMO DE INFORMAÇÕES PARA SE CERTIFICAR DE QUE O OUTRO SE CONVENCEU

Por insegurança, o mentiroso tenta acrescentar novas informações para que a pessoa se convença de que está dizendo a verdade. "Você não acredita em mim, então vou dizer mais uma coisa." Se essa frase for repetida várias vezes, indica que o mentiroso não sabe se seus argumentos foram aceitos. Algum tempo depois, quando o assunto está esquecido, o mentiroso volta a falar sobre ele, acrescentando alguns detalhes e repetindo outros. Quando se torna quase impertinente, tal insistência é sinal de que a pessoa está mentindo.

## 20. ENCOLHIMENTO DE APENAS UM DOS OMBROS

De acordo com Paul Ekman, esse é um dos sinais clássicos de mentira. A falta de simetria do gesto é facilmente notada: um dos ombros se levanta e muitas vezes se projeta um pouco mais para a frente. A pessoa tenta dizer que não está muito preocupada com o que foi perguntado, mas esse desdém indica que aquilo que ela diz provavelmente é mentira. Como a mesma expressão pode ser vista em outras partes do corpo, vale observar o rosto, as mãos e também o tom de voz.

## 21. Suor frio e respiração ofegante

Suar frio, corar, transpirar e respirar de modo ofegante e com dificuldade demonstra ansiedade, tensão, medo, preocupação irritação etc.

No caso da respiração ofegante, ocorrem pequenas mas perceptíveis variações no ritmo e no ciclo de inspirações e expirações. Os intervalos se tornam diferentes dos habituais, mais rápidos e curtos. Surgem suspiros longos e profundos. Após dizer um "não", o mentiroso talvez expire com força. Muitos desses sinais estão ligados à ansiedade e, se não forem observados outros, indicam apenas ansiedade e tensão.

## 22. Tentativa de ficar de costas para a parede a fim de buscar apoio

Como já vimos, o medo é uma das principais emoções associadas à mentira. O mentiroso tenta se proteger dos questionamentos e procura meios que minimizem sua ansiedade. Ficar de costas para a parede é um desses recursos, pois tranquiliza e dá segurança. Deixar as "costas descobertas" tem íntima ligação com nossos ancestrais. Nas savanas africanas tínhamos de nos defender dos predadores diariamente e isso gerava ansiedade.

## 23. Choro falso

O mentiroso utiliza todos os meios possíveis para convencer os demais. O choro e as lágrimas têm grande efeito em pessoas que não gostam de ver o sofrimento alheio. O mentiroso usa argumentos emocionais e passa a fingir que chora tanto por seu sofrimento como pelo dos outros.

Quando finge que chora, o mentiroso, em geral, não consegue produzir lágrimas. Para tentar ser mais convincente, funga falsamente e, como não existem lágrimas e ele não sabe exatamente a quantidade de ar que vai aspirar, exagera no movimento de erguer o nariz, num gesto artificial demais. O mentiroso também se preocupa em "secar" as lágrimas que não existem; para tanto, usa os dedos, as mãos e até as mangas da camisa. Em todos esses gestos existe algo de dramático e postiço. As lágrimas costumam aparecer com gestos e microexpressões de tristeza (bordas externas das sobrancelhas para baixo e interiores para cima, cantos dos lábios voltados para baixo etc.).

## 24. Prontidão para responder perguntas

O mentiroso deseja antecipar os questionamentos, portanto responde mesmo que a pergunta não tenha sido formulada. Como deseja se mostrar mais esperto e inocente, em geral diz: "Já sei o que você vai perguntar", "Antes que você diga qualquer coisa...", "Já sei até o que você está pensando a respeito do fato...", "Antes de qualquer coisa, vou contar a história verdadeira" etc.

Outra forma de prontidão é aquela em que a pessoa ainda não terminou a pergunta e o mentiroso já está respondendo. Quando a pergunta não convém, a resposta já começa de maneira negativa: "Não, não, não, você está errado em me perguntar isso".

## 25. Solicitação para que a pergunta seja repetida

O mentiroso deseja ganhar tempo para elaborar respostas: "Poderia repetir a pergunta?", "Não entendi muito bem o que você quis dizer com isso, poderia repetir?" Alguns vão mais além: depois de dizerem "Não compreendi o final", fazem uma pausa e ficam esperando que a pergunta seja refeita, pois assim ganham tempo de duas maneiras.

Por vezes, o mentiroso responde com outra pergunta: "Então você quer dizer que eu não estava no local?"

De acordo com o nível de tensão da entrevista, é normal que a pessoa solicite que a pergunta seja repetida uma ou duas vezes. Mais do que isso, comece a desconfiar, em especial se o procedimento for adotado a cada questionamento.

## 26. Sarcasmo para aliviar as preocupações do interlocutor

Os mentirosos extremamente defensivos que não têm argumentos convincentes apelam para o sarcasmo boa parte do tempo. O interrogador que deseja atingir o outro também usa esse péssimo recurso. Normalmente, quem ganha com isso é o mentiroso, que almeja justamente esse tipo de jogo, no qual fica muito difícil definir a verdade.

Nos julgamentos, o sarcasmo alivia as tensões de todos os presentes, mas coloca o outro em posição defensiva. As pessoas inexperientes têm dificuldade de enfrentar mentirosos que se utilizam desse tipo de recurso.

## 27. Duper's delight

O mentiroso demonstra prazer em mentir. Um dos cantos da boca sobe enquanto o outro permanece paralisado de modo sarcástico. Ter prazer em enganar os demais é muito comum, especialmente em pessoas que se consideram inteligentes e capazes de tudo.

## 28. Microrrugas da testa

O conflito entre a verdade e a mentira faz que apareçam microrrugas horizontais na testa do mentiroso. Contudo, elas são rápidas demais e nem sempre fáceis de observar. Muitas dessas rugas são oriundas de tensão e nervosismo – que são bem pronunciadas e permanecem no semblante por mais tempo –, e não exatamente da mentira.

## 29. FRASES PARA GANHAR TEMPO

Esse sinal está bastante ligado ao tempo durante o qual a pessoa pensa depois de ouvir a pergunta. Como sabe que não tem respostas, o mentiroso utiliza essa técnica para responder a qualquer tipo de pergunta. Por vezes o "Não sei de nada" vem logo depois da pergunta "Qual é o nome de seus pais?". Nesse caso, a prevenção chegou ao grau máximo.

Alguns tipos de resposta: "Por que eu mentiria para você?", "Para dizer a verdade...", "Para ser franco...", "De onde você tirou essa ideia?", "Por que está me perguntando uma coisa dessas?", "Poderia repetir a pergunta, por favor?", "Acho que este não é um bom lugar para discutir isso", "Podemos falar sobre isso mais tarde?", "Como você se atreve a me perguntar uma coisa dessas?"

Quando a pessoa quer fugir das perguntas ou da responsabilidade, o bordão mais comum é: "Eu não sou obrigado a saber de tudo".

## 30. MEMÓRIA CONTRADITÓRIA

Se não indica que aquilo que foi dito é mentira, a memória contraditória assinala que algumas informações podem ser falsas. O mentiroso demonstra ter ótima memória para diversos fatos, sendo excepcional sua capacidade de lembrá-los, porém em outros momentos se diz incapaz de recordar os acontecimentos mais simples e importantes de sua vida. Essa contradição seletiva sinaliza que existem mentiras no discurso.

Entre os mecanismos de defesa do autoengano está a *repressão*, ou amnésia motivada. A conveniência de esquecer certos fatos é comum em interrogatórios policiais ou comissões parlamentares de inquérito.

## 31. ATO FALHO

O ato falho freudiano é um grande aliado daqueles que desejam descobrir mentiras. O mentiroso diz algo quando na verdade sua intenção era dizer outra coisa totalmente diferente.

## 32. Voz fora do tom

Os músculos das cordas vocais se enrijecem quando a pessoa está sob pressão, fazendo o som sair mais alto.

Quando as evidências não correspondem àquilo que a pessoa diz, o mentiroso aumenta o tom de voz para se fazer ouvir. Trata-se de uma compensação: literalmente, ele tenta "ganhar no grito". As palavras são mais enérgicas, tensas e, por vezes, carregadas de indignação. A indignação é até mesmo verdadeira – "Afinal, como me questionam desta maneira?", pensa o mentiroso. Quem não se lembra dos discursos do ex-presidente Collor antes de sofrer o *impeachment?*

Por vezes, a voz falha e a pessoa parece incoerente; nesse caso, o mentiroso não consegue falar mentiras. A negação é outro mecanismo de defesa do autoengano.

## 33. Voz discordando do corpo

O sinal mais comum é a boca dizer "sim" e a cabeça "não", ou vice-versa. O ex-governador de Brasília José Roberto Arruda, acusado de corrupção, disse em um discurso perdoar todos aqueles que o acusavam injustamente. Todavia, balançava a cabeça de um lado para o outro, em um clássico gesto de "não".

Quando a emoção que o mentiroso tenta passar é falsa, os gestos, os movimentos da mão e a postura não combinam com o tom da voz.

Como a ansiedade aumenta, algumas frases são confusas e muitas vezes sem nenhuma conexão com aquilo que está sendo perguntado. O mentiroso procura caminhos para sua mentira e se perde entre as palavras. Não se trata da resposta evasiva intencional para desviar do assunto; a resposta tende a fugir totalmente do contexto.

## 34. Engolir em seco e pigarrear

O estado de tensão e a ansiedade provocam alterações fisiológicas, entre elas o acúmulo de muco na garganta, cujas reações são engasgo e tosse. Literalmente se "engasga nas próprias palavras". O exagero ocorre quando a pessoa aperta as mãos na boca e depois as fecha no ar, como se estivesse querendo esmagar as próprias mentiras. O sussurro, com palavras quase ininteligíveis, exacerba a mentira.

Ao engolir em seco e pigarrear, o mentiroso também pode dizer frases confusas ou sem nexo. Alguns até mesmo aproveitam para ganhar tempo solicitando um copo d'água.

As pausas prolongadas demais, o pigarrear e o engolir em seco são sinais de que o mentiroso precisa de mais tempo para elaborar sua fala.

## 35. Buracos na história

O mentiroso começa a contar sua história e em determinado momento pula, corta ou esquece períodos importantes. Alguns desses *gaps* estão intimamente ligados com as respostas de "Não sei", "Não me lembro", "Tenho dificuldades para recordar certos lugares" etc.

Os buracos na história mais ligados à mentira são aqueles em que o mentiroso afirma não ter estado no local onde aconteceram os fatos mas ao mesmo tempo são sabe dizer por onde andou. Muitas vezes, diz vagamente que estava em outro lugar, mas não sabe precisar, pois "dificilmente fica pensando nisso".

## 36. Ponto de conflito

Nesse caso, as expressões são totalmente contrárias ao esperado. O especialista em linguagem corporal precisa, antes de tudo, determinar aquilo que se espera de alguém diante de certa situação: atitude, sentimentos, comportamentos etc. Quanto mais soubermos sobre a história de vida da pessoa, seus anseios e conflitos, mais fácil será determinar o ponto de conflito.

O que se espera de alguém cuja noiva foi brutalmente assassinada ou da mãe que perdeu um filho? Tristeza, sofrimento e dor provavelmente são alguns dos sentimentos que vão transparecer. Isso é mais do que natural, e nunca o contrário.

O ponto de conflito mostra a mentira de maneira muito visível.

## 37. Mãos ou dedos coçando o nariz

Trata-se de outro tipo específico de autotoque, mas não tão involuntário como pode parecer.

Uma das descobertas das pesquisas sobre mentira e linguagem corporal é a de que o mentiroso libera substâncias que causam irritação no nariz e na cavidade nasal. A vascularização do nariz se expande, principalmente quando a mentira é intencional. Embora a tensão seja pequena, provoca coceira na ponta do nariz e o mentiroso sente desejo de coçá-lo, mesmo que por apenas alguns segundos.

Esse gesto também está ligado ao de tapar a boca de outras maneiras, já que ao roçar o nariz se "encobre", ainda que de modo parcial, aquilo que se diz. Chamado de "efeito Pinóquio", talvez tenha levado Carlos Collodi, de forma inconsciente, a criar o seu famoso personagem.

Durante seu depoimento no caso Monica Lewinsky, o ex-presidente dos Estados Unidos Bill Clinton tocou no nariz mais de 26 vezes. No depoimento no caso Francenildo Santos Costa, o então ministro Antônio Palocci tocou inúmeras vezes no nariz diante das perguntas mais desconfortáveis. O incômodo era tanto que seu nariz chegou a ficar vermelho.

## 38. Aumento das piscadelas

De todos os gestos ligados à ansiedade, as piscadelas são um dos mais visíveis, mas nem sempre conseguimos percebê-lo sem treinamento adequado. Quando a ansiedade se amplia de forma desordenada, o mentiroso, além de aumentar as piscadelas, coça os olhos com certa frequência.

É importante reconhecer que esses são sinais de ansiedade que podem ou não estar ligados à mentira.

## 39. Aumento do número de autocontatos

Os "gestos de macaquinho" configuram também autocontatos, mas de modo mais específico. O mentiroso amplia a quantidade de toques no corpo. Alguns até desenvolvem determinados hábitos e tocam sempre uma parte do corpo quando mentem – pernas, rosto, braços, mãos etc. Mas é preciso cuidado para não confundir os autocontatos com determinados gestos. Por exemplo: colocar a mão sobre o plexo solar demonstra necessidade de acalmar a ansiedade e a tensão, estados que podem advir de outras causas que não a mentira.

As mulheres levam as mãos ao plexo solar com mais tranquilidade que os homens. Estes, quando estão nervosos e tensos, tendem a ajeitar com energia o colarinho ou subir a mão, de maneira enérgica e decidida, pelo pescoço, como se quisessem se enforcar.

Passar as mãos nas pernas como se tirasse sujeiras imaginárias é outro tipo de autotoque que indica preocupação, tensão, ansiedade. Essa também pode ser uma forma de limpar o suor das mãos, o que pude confirmar em entrevistas nas quais o candidato ficou sob intensa pressão. Esfregar as mãos como se as estivesse enrolando é um tipo de autotoque bastante ligado à mentira. O mais importante é observar se os autotoques apareceram pouco durante o que dizia antes.

# 20. Conclusão e as mentiras sobre as mentiras

Neste livro, mostrei que a mentira influencia grandemente a nossa vida; nascemos, crescemos e evoluímos diante da mentira. Nem sempre é possível enfrentá-la. Por isso, ao longo dos séculos, o ser humano criou dezenas de subterfúgios e armadilhas para esconder a mentira, minimizá-la e até mesmo se livrar dela. Porém, pouco se caminhou nesse sentido. Ao contrário, creio que ampliamos nossa capacidade de mentir e expandimos a mentira, no sentido de propagá-la com mais velocidade, intensidade e abrangência. Hoje, a mentira contada chega em segundos a qualquer parte do mundo.

Criamos várias mentiras dentro da própria mentira e nos sentimos satisfeitos com elas. Isso nos conforta, mas só na aparência. Para mentirmos melhor, chegamos ao desplante de mentir sobre a mentira.

## MITOS SOBRE A MENTIRA

"O mentiroso não olha nos olhos das pessoas" é o primeiro grande mito. O fraudador e o mentiroso patológico não têm esse tipo de problema. São capazes de encarar diretamente as pessoas e transmitir confiabilidade. Em geral, durante uma conversa, olhamos para o interlocutor cerca de 65% do tempo. Quando esse percentual ultrapassa os 80%, considera-se uma atitude invasiva; quando esse contato se dá em menos de 50%, o outro não está prestando atenção naquilo que dizemos.

"As mães são especialistas em descobrir mentiras nos filhos." Nada mais falso, pois quem foi filho sabe que é possível enganar os pais de um jeito ou de outro. Apenas em filmes e novelas o sexto sentido da mãe é aguçado a ponto de perceber as mentiras com antecedência. É certo que, por afinidade e convivência, as mães reconhecem com certa facilidade as mudanças de atitudes dos filhos, mas isso está longe de fazê-las identificar todas as mentiras.

"Mentira é a exceção e não a regra." Autores como David L. Smith, Robert Feldman e Pamela Meyer, entre outros, discordam plenamente dessa informação. O ser humano não construiria a civilização sem a mentira. Feldman calcula que ouvimos cerca de 210 mentiras por dia. Aquelas que contamos estão fora dessa estatística. A mentira chega ao ponto de ser visual: a mulher que coloca uma calça com enchimento nas nádegas está mentindo, tal qual o adolescente que faz o mesmo com meias na cueca para potencializar sua sexualidade. Faça uma autoanálise e verifique se você já passou algum dia sem contar nenhuma mentira, por menor que seja.

"O mentiroso sempre é pego no fim." Eu poderia dizer que essa é uma variação do mote "Aqui se faz, aqui se paga". A quase totalidade das mentiras é dita e jamais descoberta. Volte um pouco no tempo, enumere algumas mentiras que você contou a amigos, cônjuge e parentes: a maioria delas não foi descoberta e quem as ouviu até hoje desconhece o assunto. Sejam grandes ou pequenas, importantes ou não, o certo é que a maioria das mentiras contadas se perde no tempo e não tem consequência para ninguém.

"É da natureza humana ser honesto e sincero." Ao considerar a biologia evolutiva, a mentira proporciona grandes vantagens táticas e estratégicas para quem a utiliza. David L. Smith afirma que o engano sempre foi uma grande preocupação da humanidade. A própria fundação da tradição judaico-cristã, a história de Adão e Eva, repousa em mentiras. Ao negar que conhecia Jesus Cristo, Pedro ajudou a construir a civilização cristã. Somos mentirosos por natureza, segundo Smith.

Nesse mito eu poderia incluir algumas mentiras ditas diariamente: "O povo brasileiro é honesto", "O povo brasileiro é pacífico", "O povo brasileiro gosta de limpeza". É bastante agradável concordar com isso, mas não é o que dizem as estatísticas. No Brasil, por exemplo, o índice anual de homicídios é o mesmo registrado de americanos mortos em toda a Guerra do Vietnã. Além disso, dezenas de toneladas de lixo são jogadas diariamente nas ruas e praias brasileiras. Se, de um lado, achamos que a maioria dos políticos é desonesta, temos plena confiança de que a maioria da população é honesta. Porém, os políticos nada mais são que representantes da sociedade brasileira.

As pequenas mentiras são inofensivas, mas sempre cobram seu preço de uma forma ou de outra. Pequenas mentiras, mentiras brancas, mentiras inocentes – ou qualquer que seja o nome dado a elas – vão minar a confiança de alguém ao longo do tempo. Avaliamos os benefícios que as mentiras nos trazem e não os danos e os prejuízos que acarretam aos demais. A empatia do mentiroso com a vítima pode até existir, mas em geral é pouca e, muitas vezes, falsa.

É fácil desmascarar os mentirosos? Com treinamento e técnica, sim, especialmente porque hoje contamos com a ajuda da tecnologia. Ao passo que ainda não existem treinamentos abertos para mentir de forma confiável, já estão disponíveis cursos para que as pessoas observem sinais de mentira.

Ao longo desta obra, procurei transmitir ao leitor a maior quantidade possível de informação a respeito da mentira, mesmo reconhecendo que ainda há muito para ser estudado e até mesmo descoberto. Espero que os dados aqui expostos contribuam para a melhor compreensão da mentira como um todo, não incluindo aí nenhum tipo de justificativa para o uso dela.

# Referências bibliográficas

ABDO, Carmita Helena Najjar. *O descobrimento sexual do Brasil: para curiosos e estudiosos*. São Paulo: Summus, 2004.

ALLENDE, L. "Genes explicariam traição feminina, diz cientista". Resumo do artigo por Pablo Santos, 4 set. 2007. Disponível em: <http://pt.shvoong.com/medicine-and-health/1664379-genes-explicariam-trai%C3%A7%C3%A3o-feminina-diz/#ixzz1Kp2MtbYw>. Acesso em: 27 set. 2012.

ANGIER, N. "In most species, faithfulness is a fantasy". *The New York Times*, 18 mar. 2003. Disponível em: <http://www.nytimes.com/2008/03/18/science/18angi.html>. Acesso em: 27 set. 2010.

AQUINO, R. "Os homens, o amor e a fidelidade". *Época*, 13 maio 2010 (atualizado em 14 maio 2010). Disponível em: <http://revistaepoca.globo.com/Revista/Epoca/0,,EMI140442-15230,00-OS+HOMENS+O+AMOR+E+A+FIDELIDADE.html>. Acesso em: 10 out. 2011.

ARGYLE, M. *Bodily communication*. 2. ed. Madison: International Universities Press, 1988.

ARMSTRONG, D.; STOOKOE, W.; WILCOX, S. *Gestures and the nature of language*. Nova York: Cambridge University Press, 1996.

ASSIS, M. *Dom Casmurro*. São Paulo: Ática, 1999.

AXTELL, R. *Gestures. The DO's and taboos of body language around the world*. Nova York: John Wiley & Sons, 1992.

BANDEIRA, A. "Compulsão. A eloquência da mentira". Disponível em: http://www.controversia.com.br/index.php?act=textos&id=9036. Acesso em: set. 2012.

BARASH, D.; LIPTON, J. E. *O mito da monogamia*. Rio de Janeiro: Record, 2007.

BAYARD, P. *Como falar dos livros que não lemos*. Rio de Janeiro: Objetiva, 2008.

BENUSSI, V. "Die Atmungssymptome der Lüge". *Archiv für Psychologie*, v. 31, 1914, p. 244-73.

BENUSSI, V. "The respiratory symptoms of lying". *Polygraph*, v. 4, 1975, p. 52-76.

BERCHT, A. *My husband's affair became the best thing that ever happened to me*. Bloomington: Trafford Publishing, 2006.

_____. "Top 10 signs of infidelity". Disponível em: <http://www.beyondaffairs.com/articles/signs_of_infidelity.htm>. Acesso em: 20 jun. 2012.

BIRDWHISTELL, R. L. *Kinesics and context*. Filadélfia: University of Pennsylvania Press, 1970.

BOK, S. *Lying: moral choice in public and private life*. Nova York: Vintage Books, 1979.

BRONSON, P. "Learning to lie". *New York Magazine*, 10 fev. 2008. Disponível em: < http://nymag.com/news/features/43893/>. Acesso em: 13 nov. 2011.

BURSTEN, B. "The manipulative personality". *Archives of General Psychiatry*, v. 26, n. 4, 1972, p. 318-21.

BUSSEY, K. "Lying and truthfulness: children's definitions, standards, and evaluative reactions". *Child Development*, v. 63, 1992, p. 129-37.

BYES, C. *El language del cuerpo*. Buenos Aires: Albatros, 2007.

CALTABIANO, M. *Vips − Histórias reais de um mentiroso*. São Paulo: Jaboticaba, 2005.

CAMARGO, Paulo Sergio. *Linguagem corporal: técnicas para aprimorar relacionamentos pessoais e profissionais*. São Paulo: Summus, 2010.

CAMPOS JR., C. *et al*. *Nada mais que a verdade − A extraordinária história do jornal Notícias Populares*. São Paulo: Summus, 2011.

"COMO enganar o detector de mentiras". *Shvoong*, 24 ago. 2010. Disponível em: <http://pt.shvoong.com/how-to/money-and-business/2041395-como-enganar-detector-mentiras/>. Acesso em: 2 ago. 2011.

"COMO o soro da verdade funciona?". *Terra*, 18 set. 2003. Disponível em: <http://noticias.terra.com.br/ciencia/interna/0,,OI144731-EI1426,00-como+o+soro+da+verdade+funciona.html>. Acesso em: 12 jun. 2006.

CORRAZE, J. *As comunicações não verbais*. Rio de Janeiro: Zahar, 1982.

COX, T. *Atração. Decodifique a linguagem do amor*. São Paulo: Fundamento, 2004.

DAMASCENO, Benito. *Revista Veja*, ano 35, n. 43, p. 173, 2009.

DAVIS, F. *A comunicação não verbal*. São Paulo: Summus, 1979.

DEMIDOFF, A. O.; PACHECO, F. G.; SHOLL-FRANCO, A. "Membro-fantasma: o que os olhos não veem o cérebro sente". *Ciências & Cognição*, v. 12, 2007, p. 234-39. Disponível em: <http://www.cienciasecognicao.org/revista/index.php/cec/article/view/651>. Acesso em: 23 out. 2010.

DEPAULO, B. M *et al*. "Lying in everyday life". *Journal of Personality and Social Psychology*, v. 70, n. 5, 2003, p. 979-95.

DIMITRIUS, J.; MAZZARELLA, M. *Como decifrar pessoas*. São Paulo: Alegro, 2000.

DOSTOIEVSKI, F. *Crime e castigo*. Rio de Janeiro: Ediouro, 1996.

DUCHENNE, G. B. *The mechanisms of human facial expression, or electro-physiological analysis of the expression of the emotions*. Nova York: Cambridge University Press, 1990.

ECO, U. "Os livros que não lemos". *Entrelivros*, São Paulo, ed. 30, 2007.

EKMAN, P. *Telling lies: clues to deceit in the marketplace, politics and marriage.* Nova York: Norton, 2001.

_____. *Como detectar mentiras.* Barcelona: Paidós, 2005.

EKMAN, P.; FRANK, M. G. "Lies that fail". In: LEWIS, M.; SAARNI, C. (orgs.). *Lying and deception in everyday life.* Nova York: Guilford Press, 1993, p. 184-200.

EKMAN, P.; FRIESEN. "The repertoire of nonverbal communication. *Semiotica*, n.1, 1969, p. 49-97.

EKMAN, P.; O'SULLIVAN, M. "Who can catch a liar?" *American Psychologist*, v. 46, 1991, p. 913-20.

EKMAN, P.; SORENSON, E. R.; FRIESEN, W. V. "Pan-cultural elements in facial displays of emotions". *Science*, v. 164, 1969, p. 86-8.

"ESTUDO liga infidelidade em mulheres a hormônio". *O Estado de S. Paulo*, São Paulo, 14 jan. 2009. Disponível em: <http://www.estadao.com.br/noticias/vidae,estudo-liga- -infidelidade-em-mulheres-a-hormonio,306994,0.htm>. Acesso em: 11 set. 2012.

"FALSO coronel diz como iludiu a polícia do RJ". *Globo.com*, 4 abr. 2011. Disponível em: <http://eptv.globo.com/noticias/NOT,0,0,342899,Falso+coronel+diz+co mo+iludiu+a+policia+do+RJ.aspx>. Acesso em: 19 mar. 2012.

FELDMAN, R. *Quem é o mentiroso da sua vida?* São Paulo: Campus, 2009.

FELDMAN, R.; RIMÉ, B. *Fundamentals of nonverbal behavior.* Nova York/Paris: Cambridge Universty Press/Editions de la Maison des Sciences de l'Homme, 1991.

FIDALGO, J. "O caso Jayson Blair-The New York Times: da responsabilidade individual às culpas colectivas". Braga: Universidade do Minho : Centro de Estudos em Co- municação e Sociedade, 2004.

FISHER, H. *Anatomia do amor.* São Paulo: Eureka, 1995.

FORD, Charles V. *Lies! lies! lies! The psychology of deceit.* Arlington: American Psychiatric Publishing, 1996.

FREUD, S. *Sobre a psicopatologia da vida cotidiana.* Rio de Janeiro: Imago, 1996.

_____. *O mal-estar na civilização, novas conferências introdutórias à psicanálise e outros textos.* São Paulo: Companhia das Letras, 2010.

FRIEDMAN, H. S. *et al.* "Understanding and assessing nonverbal expressiveness: the affective communication test". *Journal of Personality and Social Psychology*, v. 39, 1980, p. 333-51.

FRIEDMAN, H. S.; MILLER-HERINGER, T. "Non-verbal display of emotion in public and in private: self-monitoring, personality, and expressive cues". *Journal of Personality and Social Psychology*, v. 61, n. 4, 1991, p. 766-75.

FURNHAM, A. *Linguagem corporal no trabalho.* São Paulo: Nobel, 2001.

GATTAZ, W. *et al.* "Síndrome de Münchhausen: diagnóstico e manejo". *Revista da Associação Médica Brasileira*, v. 49, n. 2, abr.–jun. 2003.

GIANNETTI, E. *Autoengano*. São Paulo: Companhia das Letras, 1999.

GLADWELL, M. *Blink – A decisão num piscar de olhos*. Rio de Janeiro: Rocco, 2005.

_____. *Outliers: the story of success*. Nova York: Little, Brown, 2008.

GOTTMAN, John. "The timing of divorce: predicting when a couple will divorce over a 14-year period". *Journal of Marriage and Family*, v. 62, n. 3, ago. 2000, p. 737-45.

GRAFEN, Alan. *Revista Veja*, ed. 1.771, 2 out. 2002.

GRANHAG, P. A.; STRÖMWALL, L. A. "REPEATED INTERROGATIONS: VERBAL AND NONVERBAL CUES TO DECEPTION". *Applied Cognitive* Psychology, v. 16, 2002, p. 243-57.

GUERREIRO, M. "O detector de mentiras funciona mesmo?" *Revista Jus Vigilantibus*, 26 nov. 2007. Disponível em: <http://jusvi.com/pecas/29948>. Acesso em: 31 jan. 2010.

HARTWIG, M. *et al.* "Impression and information management: on the strategic self--regulation of innocent and guilty suspects". *The Open Criminology Journal*, v. 3, 2010, p. 10-16.

INÁCIO, S. R. L. "Como detectar mentiras em um currículo". *Artigo.com*. Disponível em: <http://www.artigos.com/artigos/humanas/psicologia/como–detectar–mentiras--em–um–curriculo–5602/artigo/>. Acesso em: 27 set. 2012.

JORNAL *Nacional, a notícia faz história*. Rio de Janeiro: Zahar, 2004.

KAGAN, S. *Normative ethics*. Boulder: Westview Press, 1998.

KARPMAN, S. B. "Fairy tales and script drama analysis". *Transactional Analysis Bulletin*, v. 7, n. 26, 1968, p. 39-43.

KNAPP, M. *La comunicación no verbal: el cuerpo y el entorno*. Barcelona: Paidós, 2001.

KNAPP, M.; Hall A. J. *Comunicação não verbal na interação humana*. São Paulo: JSN, 1999.

KRUGER, J.; DUNNING, D. "Unskilled and unaware of it: how difficulties in recognizing one's own incompetence lead to inflated self-assessments". *Journal of Personality and Social Psychology*, v. 77, n. 6, 1999, p. 1121-34.

KUHNKE, E. *Body language for dummies*. West Sussex: John Wiley & Sons, 2007.

LACERDA, I. "Quando a mentira não é brincadeira". *Blog Não sabia que existia gente assim*, 10 abr. 2008. Disponível em: <http://naosabiaqueexistiagenteassim.blogspot.com/2008/04/quando-mentira-no-brincadeira.html>. Acesso em: 23 jan. 2010.

LEWIS, D. *The body language of children. How children talk before can speak*. Londres: Souvenir Press, 1978.

LIEBERMAN, D. J. *Psicologia da mentira. Nunca mais seja enganado*. São Paulo: Market Books, 1999.

_____. *Aprenda a ser bem-sucedido diante de qualquer situação.* São Paulo: Novo Século, 2006.

LIMA, M. A. B. *Mentira, dominação e sociabilidade: contribuição ao estudo da mentira na vida cotidiana.* Dissertação (mestrado em Sociologia), Universidade Estadual de Campinas, Campinas (SP), 2003.

LLOYD-ELLIOTT, M. *Secrets of sexual body language.* Berkeley: Ulysses Press, 1994.

MAHON, J. E. "Kant on lies, candour and reticence". *Kantian Review*, v. 7, 2003, p. 101-33.

_____. "The definition of lying and deception". *Stanford Encyclopedia of Philosophy,* 21 fev. 2008. Disponível em: http://plato.stanford.edu/entries/lying-definition. Acesso em: 1 maio 2012.

MARTHE, M. "A mentira tem perna curta..." *Veja*, São Paulo, ed. 2130, 16 set. 2009. Disponível em: <http://veja.abril.com.br/160909/mentira-tem-pernas-curtas--p-170.shtml>. Acesso em: 19 out. 2009.

MARTINS, Paula Pedro. "A culpa da infidelidade masculina é da testosterona". *Alert Online*, 8 jan. 2010. Disponível em: http://www.alert-online.com/pt/magazine/a-culpa-da-infidelidade-masculina-e-da-testosterona. Acesso em: 14 abr. 2012.

MCNEILL. D. *Hand and mind. What gestures reveal about thought.* Londres: University Chicago Press, 1992.

MEARSHEIMER, J. *Why leaders lie: the truth about lying in international politics.* Oxford: Oxford University Press, 2011.

MERLEAU-PONTY, M. *Fenomenologia da percepção.* São Paulo: Martins Fontes, 1999.

MORRIS, D. *O macaco nu.* São Paulo: Círculo do Livro, 1973.

_____. *Você. Um estudo objetivo do comportamento humano.* São Paulo: Círculo do Livro, 1977.

_____. *A mulher nua. Um estudo do corpo feminino.* São Paulo: Globo, 2005.

NAVARRO, J. *O corpo fala.* Málaga: Sírio, 2008.

_____. *What every body is saying.* Nova York: Collins, 2008.

OLIVEIRA, A. C. *Falta gestual.* São Paulo: Perspectiva, 1992.

OLIVEIRA, J. B. P.; BARROS, W. S. "Estelionato – Conto do vigário". Rio de Janeiro: Governo do Estado do Rio de Janeiro/Secretaria de Segurança Pública/Programa Delegacia Legal, 2003. Disponível em: <http://www.necvu.ifcs.ufrj.br/images/Estelionato%20Contos%20do%20Vigario%20Delegacia%20Legal.pdf>. Acesso em: 29 mar. 2010.

PIAGET, J. *O juízo moral na criança.* Trad. Elzon Lenardon. São Paulo: Summus, 1994.

PINHEIRO, D. "Eu traio, tu trais, ela também". *Veja*, São Paulo, 13 out. 2004, ed. 1875. Disponível em: <http://scotty.ffclrp.usp.br/periodicos/veja/Infidelidade.htm>. Acesso em: set. 2012.

PINTO, M. *Química do amor e do sexo*. Lisboa: Lidel, s/d.

PIRANDELLO, L. *Assim é (se lhe parece)*. São Paulo: Tordesilhas, 2001.

PORCHER, J. E. F. "A possibilidade do autoengano". Disponível em: <http://pt.scribd.com/doc/18318421/A-Possibilidade-Do-Autoengano>. Acesso em: 30 ago. 2010.

"QUANTO mais você mente, mais fácil fica". *Galileu*. Disponível em: <http://revistagalileu.globo.com/Revista/Common/0,,EMI209910-17770,00-QUANTO+MAIS+VOCE+MENTE+MAIS+FACIL+FICA.html>. Acesso em: 17 nov. 2011.

RINN, W. E. "Neuropsychology of facial expression". *Psychological Bulletin*, v. 95, n. 1, jan. 1984, p. 52-77.

ROWATT, W. C.; CUNNINGHAM, M. R.; DRUEN, e P. B. "Deception to get a date". *Person-ality and Social Psychology Bulletin*, v. 24, 1998, p. 1128-42.

RUSSEL, J.; FERNÁNDEZ-DOLS, J. *The psychology of facial expression*. Reino Unido: Cambridge University Press, 1977.

SAMBRANA, C. "A história do falso Rockfeller". *Istoé*, n. 344, 6 abr. 2004.

SAMPAIO, F. G. "Teoria da mentira". Porto Alegre, Escola Superior de Geopolítica e Estratégia, 17 dez. 2001. Disponível em: <http://www.defesanet.com.br/esge/teoria_mentira.pdf>. Acesso em: 7 jun. 2012.

SCHILLACI, M. J. "Credibility assessment: psychophysiology and policy in the detection of deception". Disponível em: <http://www.evsis.org/docs/credibility_assessment.pdf>. Acesso em: 14 maio 2012.

SCHLEIFER, M.; TALWAR, V.; HARRIS, P. *La religion et la science en éducation*. Quebec: Les Presses de l'Université du Québec, 2009.

SCHPUN, M. R. *Justa – Aracy de Carvalho e o resgate de judeus: trocando a Alemanha nazista pelo Brasil*. Rio de Janeiro: Civilização Brasileira, 2011.

SILVA, A. A. *Julgamento de expressões faciais de emoções: fidedignidade, erros mais frequentes*. Tese (doutorado em Psicologia), Instituto de Psicologia da Universidade de São Paulo, São Paulo (SP), 1987.

SILVA, L. M. G. *et al.* "Comunicação não verbal: reflexões acerca da linguagem corporal". *Rev. Latino-Americana de Enfermagem*, Ribeirão Preto, v. 8, n. 4, ago. 2000, p. 52-8.

SMITH, D. L. *Por que mentimos – Os fundamentos biológicos e psicológicos da mentira*. Rio de Janeiro: Campus, 2006.

"SOFTWARE caça plágios em artigos científicos e evita fraudes". *IDG Now!*, 30 jan. 2012 (atualizada em 15 mar. 2012). Disponível em: <http://idgnow.uol.com.br/mercado/2008/01/30/software-caca-plagios-em-artigos-cientificos/>. Acesso em: 27 jun. 2012.

STEWART, J. B. *Tangled webs: how false statements are undermining America from Martha Stewart to Bernie Madoff*. Nova York: Penguin, 2012.

TALWAR, V.; SCHLEIFER, M.; HARRIS, P. (orgs.). *Children's understanding of death: from biological to religious conceptions*. Nova York: Cambridge University Press, 2011.

TODESCHINI, M. "Autorretrato: Joe Navarro". *Veja*, São Paulo, ed. 2040, 26 dez. 2007. Disponível em: <http://veja.abril.com.br/261207/auto_retrato.shtml>. Acesso em: 14 set. 2010.

TORBIDONI, L.; ZANIN, L. *Grafologia. Testo teorico-pratico*. Brescia: La Scuola; Santander: Tantin, 1991.

TWAIN, M. *Da decadência da arte de mentir e outros textos*. Lisboa: Alfabeto, 2011.

VASCONCELLOS, L. R.; OTTA; E. "Comparação do comportamento gestual entre maus e bons oradores durante a comunicação em público", *Psicologia em Revista*, Belo Horizonte, v. 9, n. 13, jun. 2003, p. 153-8.

VEIGA, Luciana Fernandes; MAGALHÃES, Raul Francisco. Relatório analítico Ideologia política, persuasão, propaganda eleitoral e voto: um estudo da recepção da campanha presidencial, 1998. SHA-2800/97. Centro de pesquisas sociais. Iuperj, Propesq. Disponível em: <http://doxa.iesp.uerj.br/artigos/Relat%C3%B3rio%20 Anal%C3%ADtico.pdf>. Acesso em: out. 2012.

"VERDADE faz mentiroso sofrer, dizem especialistas". Disponível em: <http://www. homenews.com.br/article.php?sid=2543>. Acesso em: 25 mar. 2012.

VRIJ, A.; GRANHAG, P. A.; MANN, S. "Good liars". *Journal Review of Policy Research*, 2005.

VRIJ, A. *et. al.* "Getting into the minds of pairs of liars and truth tellers: an examination of their strategies". *The Open Criminology Journal*, v. 3, 2010, p. 10-16.

WATSON, S. "Como funciona a síndrome de Munchausen". *HowStuffWorks*, 3 out. 2007 (atualizado em 14 fev. 2008). Disponível em: <http://saude.hsw.uol.com.br/ munchausen4.htm>. Acesso em: 27 fev. 2010.

WEBER, L. N. D. "Sinais não verbais do flerte". *Psicologia Argumento*, ano XXIII, 1998, p. 25-36.

WEIL, P.; TOMPAKOW, R. *O corpo fala – A linguagem silenciosa da comunicação não verbal*. Petrópolis: Vozes, 2002.

WEINBERG, R. S.; GOULD, D. *Psicologia do esporte e do exercício*. Porto Alegre: Artmed, 2001.

ZATZ, M. "Infidelidade e promiscuidade: genético ou ambiental?" *Veja*, São Paulo, 20 jan. 2011. Disponível em: <http://veja.abril.com.br/blog/genetica/sem-categoria/infidelidade-e-promiscuidade-genetico-ou-ambiental/>. Acesso em: 27 set. 2012.

ZUCKERMAN, M.; DEPAULO, B.; ROSENTHAL, R. "Verbal and nonverbal communication of deception". *Advances in Experimental Social Psychology*, v. 14. Nova York: Academic Press, 1981, p. 1-59.

# leia também

**LINGUAGEM CORPORAL**
**Técnicas para aprimorar relacionamentos pessoais e profissionais**
*Paulo Sergio de Camargo*
Esta é a mais completa obra sobre o tema já publicada no Brasil. Ricamente ilustrada, aborda todos os aspectos da comunicação não verbal. Além disso, ensina o leitor a identificar quando alguém está mentindo e dá dicas de como usar a linguagem corporal a seu favor nas entrevistas de emprego.

REF. 10707         ISBN 978-85-323-0707-1

**O JUÍZO MORAL NA CRIANÇA**
*Jean Piaget*
Esta é a mais completa obra sobre o tema já publicada no Brasil. Obra pioneira de um dos maiores pensadores do século. Propondo-se a descobrir o que vem a ser o respeito à regra do ponto de vista da criança, o autor realiza uma série de entrevistas com crianças e analisa as regras do jogo social e a formação das representações infantis: os deveres morais e as ideias sobre mentira e justiça, entre outras.

REF. 10457         ISBN 978-85-323-0457-5

**A LINGUAGEM DO MOVIMENTO CORPORAL**
*Lola Brikman*
Através de uma abordagem humana, criativa e integrativa, Lola Brikman desenvolve seu trabalho em expressão corporal. Aqui ela demonstra a importância do conhecimento do processo individual e que, para a descoberta da linguagem corporal, é indispensável a unidade corpo-mente, enfatizando que o processo de elaboração é significativamente mais importante do que o resultado final.

REF. 10346         ISBN 978-85-323-0346-2

www.gruposummus.com.br

IMPRESSO NA
**sumago** gráfica editorial ltda
rua itauna, 789   vila maria
**02111**-**031**   são paulo   sp
tel e fax 11 **2955 5636**
**sumago**@sumago.com.br

GRÁFICA
sumago